高校服务创新发展体系研究

刘 妍 著

吉林科学技术出版社

图书在版编目（CIP）数据

高校服务创新发展体系研究 / 刘妍著 . -- 长春 :
吉林科学技术出版社，2020.10
　　ISBN 978-7-5578-7547-3

　　Ⅰ . ①高… Ⅱ . ①刘… Ⅲ . ①院校图书馆－图书馆工
作－研究 Ⅳ . ① G258.6

　　中国版本图书馆 CIP 数据核字（2020）第 200266 号

高校服务创新发展体系研究

著　　者	刘　妍
出 版 人	宛　霞
责任编辑	汪雪君
封面设计	薛一婷
制　　版	长春美印图文设计有限公司
开　　本	16
字　　数	200 千字
印　　张	9
版　　次	2020 年 10 月第 1 版
印　　次	2020 年 10 月第 1 次印刷
出　　版	吉林科学技术出版社
发　　行	吉林科学技术出版社
地　　址	长春净月高新区福祉大路 5788 号出版大厦 A 座
邮　　编	130118

发行部电话 / 传真　0431—81629529　　　81629530　　　81629531
　　　　　　　　　　81629532　　　81629533　　　81629534

储运部电话　0431—86059116
编辑部电话　0431—81629520

印　　刷	北京宝莲鸿图科技有限公司
书　　号	ISBN 978-7-5578-7547-3
定　　价	40.00 元

前　言

　　知识经济、网络信息时代的兴起与发展为社会经济发展方式的深层次演变与转换带来诸多契机。在如此背景下，高等教育发展也应该与时俱进，高校服务区域经济体系必须深度思考高校与服务区域经济发展的相互关系，发现问题，并提出未来高校服务区域经济发展的合理优化对策。本书由此思考，从高校自我定位确定服务模式，跨界学习多元交叉综合育人，高校和区域经济优势互补继续推进产教融合等方面展开探讨。希望为高校提供有价值、可借鉴的对策，促进地区高校服务区域经济的优化发展。

　　高校对社会发展有一定的服务作用，包含人才培养服务、创新创意服务、社会志愿服务、文化交流服务等，这些服务领域均与文化产业有着密切的联系。高校与文化产业是一个相互依存的关系，高校通过承担或参与文化产业项目，可锻炼和提高自身的科研创新能力与学生的综合素质，同时产生一定的经济效益，并扩大自身的社会影响力；也给高校指引文化产业人才培养方向，为学生创业搭建孵化平台。

　　人才资源是现代企业的生存之本，随着社会的发展，人才流动性进一步加大，文化产业相关企业经常面临着人才短缺的窘境。其原因是近年来政府对发展文化产业愈加重视，各类新成立企业众多，文化产业的人才需求量逐年增加。这些文化产业人才主要来源于高校毕业生。

　　当前，各地区重视文化产业资源的保护与开发，但在开发形式方面，缺乏创新力，存在着"相互抄袭"的现象。如近年来出现的商业性古镇，急功近利，导致浓重的商业气息掩盖了原生态的古镇文化资源，文化展示与宣传缺乏创新，从而失去文化支撑，游客易出现审美疲劳。最终此类古镇景区会缺乏财力支持，入不敷出，不得不关闭。高校有着丰富的科研创新积累，可提供大量的文化资源开发的"新点子"，为文化产业发展提供优质的创新创意服务。

目 录

第一章 高校服务的基本理论

第一节 高校服务区域经济发展

知识经济、网络信息时代的兴起与发展为社会经济发展方式的深层次演变与转换带来诸多契机。在如此背景下，高等教育发展也应该与时俱进，高校服务区域经济体系必须深度思考高校与服务区域经济发展的相互关系，发现问题，并提出未来高校服务区域经济发展的合理优化对策。本节由此思考，从高校自我定位确定服务模式，跨界学习多元交叉综合育人，高校和区域经济优势互补继续推进产教融合等方面展开探讨。希望为高校提供有价值、可借鉴的对策，促进地区高校服务区域经济的优化发展。

从过往的理论与实践结果证明，地方高校作为高等教育发展的最后阶段必须寻找一个科学合理的运作模式，即与地方区域经济发展相契合并服务地方经济发展。换言之，高校服务需要基于这样的区域经济发展丰富深化自己的服务内容，探索与区域经济发展的协调关系，服务和满足地方经济发展、社会文化提升，为其提供精准的智力资源和技术服务，同步实现高校自身优化发展的需求，着力构建与社会二者之间的双赢关系。

一、地方高校与区域经济

（一）地方高校

地方高校是地区区域内智力的制高点，它聚集了整个地区包括地区以外的高知识水平人才，是地方学术研究的重要集所。在知识经济时代，地方高校不仅仅带动了地方的知识产业发展，也带动了地方的经济产业发展，它所培养的高等教育智力人才、文化人才与技术人才都将成为区域内外重要的推动力量，而这种人才一旦走向社会就会将其知识、技能转化为经济资源，为地方经济发展带来一定贡献。目前随着我国各个地区高校发展规模的逐渐扩大、教育层次的逐渐提升、总体实力的逐渐增强、办学质量的逐渐增高，高校的优秀人才输出能力也随之变强。毫不夸张地说，高校人才培养实际上就是面向社会市场的一种服务过程，它所输送的人才可以促进区域经济的向前发展。

（二）区域经济

区域经济是区域性资源的开发与利用状况，这里指代的资源包含广泛，例如土地资源、人力资源、矿物资源等等。区域经济若想实现良性发展一定要做到合理规划开发。细节来讲，合理开发就表现在生产力在区域布局方面所产生的科学性与经济效益上，而区域经济效果不仅仅体现在单纯的经济指标反应上，它还体现在社会总体经济效益和地区的生态效益上，所有资源中最活跃的、能动的资源就是人力资源，人力资源需求的合理满足和智力资源的高度开发对区域经济的发展起到至关重要的支撑作用。而高校恰好能够为区域经济发展提供智力元素，这就是高校服务与区域经济的契合点。区域经济通过高校服务提供智力、提供人才聚集文化要素，进而将文化集聚效应转化为经济集聚效应，形成知识文化与经济的互补，如此就可获得大量的生产要素，利用生产要素创造产品，甚至创造更高价值含量的产品，从而为区域有效发展科学配置新元素、注入新力量。

（三）高校服务与区域经济发展之间的关系与贡献

高校服务发挥自身职能与教育资源优势，大量输出知识人才服务社会、服务经济、推动区域经济发展与转型，高校的知识服务与人才输送与地方区域经济发展之间是能够形成特定的对接，二者共同促进了区域地方经济发展的互利共赢。许多发达国家都有不计其数的有关高等教育服务区域经济并成功的实例，比如美国这些实例都证明发达国家是非常依赖高校教育及知识人才输出的，通过教育生成科技智慧，科技智慧是第一生产力，充分体现了高校服务与区域经济发展之间的最直接关系。地方区域经济发展也必须充分利用地方高校教育的职能优势，全力挖掘和培养创新人才，基于学校教育与地方区域经济二者协调发展的关系，凸显知识文化转化社会生产力的必然性。目前，我国各类重点建设大学，各层高校，包括高职院校每年都能面向社会输出数十万名大学生人才，这其中不乏优秀的博士生、硕士生，近些年更不乏大批量高职技术人才，许多专业人才所研究获得科研成果不仅仅为区域经济发展做出了贡献，也活跃于国际舞台，成为国际化专业学术精英，也成为国家相关领域的骄傲，所以高校服务区域经济发展的巨大价值作用绝对不可小觑。

二、高校服务与区域经济发展的现实问题

虽说高校服务区域经济发展带来诸多利好，但由于各个地区高校建设的自我定位、经济实力与办学意识不尽相同，无法从同一角度来看待高校服务区域经济发展问题，但在现实操作中确实存在诸多共性问题。

（一）高校自身发展问题

从整体来看，高校应该对社会负责任，不断完成自身存在发展的三大职能，即培养人才、科学研究、社会服务，全面推动社会进步和高素质人才培养，同时引导经济文化高水准、科学化发展，再结合理论技术咨询与科技成果化对比优化高校文明思想传播建设过程，形成围绕区域经济发展所展开的不同区域文化交流与人力资源合理开发。从为区域经济服务角度看，高校自身发展中体现以下几个问题。

首先，高校自身发展定位模糊。诸多高校建设发展中以综合性大学为自居，讲究大而全的模式及容易忽略个性化的发展，定位不明确。其次，客观讲当前高校的市场服务意识并不

强烈。高校在参与区域经济发展过程中很多表现不积极，校企合作更多集中体现在经济较为发达的地区，如长三角地区，还有诸多高职院校积极开展校企合作，还有很多高校未能与区域经济发展中的行业、企业组织形成紧密联系，也没有与他高校展开深入的学术合作研究。这种固守单一的、所谓的统一模式严重不利于高校的人才培养及输出，甚至已经成为高校产学研发展的一大障碍因素。再次，高校教育改革变革效率普遍不高。诸多高校教育创新发展缺乏必要动力，改革步伐缓慢，高校之间发展不平衡。这一不平衡会直接影响到区域经济发展，诸如校内学生面临着极为严峻的就业问题，这也就出现了当前一直存在的现象，即"大学生毕业即失业"的问题，又如当前的大学文科生是不被重视的，他们在社会上很难找到理想的工作，更无从谈起对区域经济发展的推动作用。第四，高校当下的产教融合、双创教育有诸多难题。产教融合双创教育有很多是流于表面形式，纸上谈兵，真正实现校、企、学生三方共赢的非常少。经常是企业不买单，或者学生不买单，高校也经常扮演了费力不讨好的角色。最后，高校的社会人才匹配机制与社会责任机制无法引导大学生树立投入区域经济建设的人生观与价值观，导致毕业生可能不能作为知识人才被输出到社会为区域经济服务，也无法为区域经济的发展发挥积极的作用。

（二）区域经济发展问题

并不是发达地区就愿意投入更多经济资源给教育事业，许多经济发达地区依然存在某些高校经济发展不到位、资金制约等问题。进一步来讲，即地方政府对高校的经费投入未必落实到位，即使落实的科研经费，由于重视数量而忽视质量，使得经费使用不当，导致很多项目不能为地方政府和区域经济做贡献。投入在横向经费方面，社会组织、企事业单位的委托经费投入也并不到位，高校自身在经费分布方面，也有重视硬件而轻视软件的地方，所以导致很多地方出现了"重物不重人"的思想偏差，极大程度上制约了高校的教育发展与人才培养输出过程。对于某些正处于经济转型跨越的地区来说，他们在均衡人才、知识、经济、科技与创造力等方面可能会存在各种问题，无法做到全力支持高校发展，政府没有积极政策推进，区域经济各个行业由于对高校的不信任，在企业人才的需求和企业再培训中也没有考虑借助高校的平台，再加之某些高校自身没有明确如何走市场化道路等问题，所以针对学生的教育培养过程中可能会出现知识、科研成果转化率低的问题，高校教育知识更新，教学改革的步伐往往是滞后的，被动的。

总结来讲，高校缺乏与区域经济之间的有效互动机制，造成了信息不对称问题，无法契合当地行业、企业人才需求、技术创新需求。另外，高校所培养输出的人才可能由于一时无法满足地方企业要求，导致人才"退货"，造成高校教育资源的浪费。所以说高校服务区域经济发展的开放性至关重要，在这一点上高校必须改变自己，地方行业企业也需要借助高校平台满足人才需求，多方需加强有效沟通，形成多方良性发展态势。

三、高校服务区域经济发展的优化对策

教育大众化发展已经成为当前社会发展的主流，高校利用知识、人才服务区域经济发展已经不再新奇。一方面，高校应该扮演好自身高级优秀人才输出的社会人力资源孵化器，另一方面，区域经济发展也应该做到多与高校合作，形成双方的联动发展机制，互促互进，为此下文为高校提出了若干点高校服务区域经济发展的优化对策，促成双方愉快合作。

（一）积极定位自我，明确长远服务方式

高校必须要积极定位自我，寻找适合于自身发展的、有利于区域经济发展的合理有效服务模式。就这一点来看，以服务区域经济发展为高校自身价值取向，从服务范围、方式等方面思考问题，本节提出两种服务模式供参考。

1. 相对单一领域的服务模式为主

该模式下的目标比较集中，它要求高校缩小服务区域范围，集中火力培养人才输送到指定区域，即集中于某一学术专业领域。高校需要考虑两方面因素：一是自身属性特点；二是所在区域经济特点。就比如说医学院的专属科目教育高校，服务范围就是社会上的医学卫生领域、师范教育领域；而体育院校的服务领域则是各个体育项目、地方及国家体育队以及师范教育领域；农业院校的服务领域自然是"三农"领域，它希望帮助区域解决"三农"问题，提高地方农业产业发展水平。定位中，还要考虑区域经济的特征，如东北重工业基地的重振发展、江浙地区数字化产业，电商发展等等，制造业产业升级中人才需求的差异性等，结合区域经济重心不同，随之调整定位。

2. 相对宽泛的多领域服务模式

该模式下则要求高校要同时服务两个或两个以上的不同区域，这就要体现高校人才培养及输送的综合性特质。像"211工程"下的重点大学因自身都是综合大学，所以他们的服务模式多为多领域服务模式，服务目标也面向区域经济发展的多个领域。因为没有任何一所高校能做到覆盖社会所有经济区域，但随着高校办学实力、办学规模的逐渐增强，他们可能会为区域经济的更多领域服务，所提供的服务内容也会越来越多。因此全面的全方位服务模式也是部分高校未来所需要努力发展的方向。

上述模式都是对高校自我定位的参考，不同高校的经济实力、教育实力、所在区域不同，他们的现实发展状况也不同，选择何种模式完全取决于高校自身的办学宗旨、办学条件。只有正确定位才能真正发挥高校的社会职能和固有的发展凤愿。

（二）敢于创新育人模式，跨界学习多元交叉综合育人

1. 创新要从教育改革各个环节入手

高校敢于创新育人模式，顶层设计构建入手，精准服务区域经济的发展。首先学科设置专业设置和区域经济产业结构先匹配，培育特色学科和重点专业。其次，课程体系符合产业结构、行业发展需要，基本学科知识与专业技能结合，课程体系是人才培养的落脚点，要服务区域经济发展，体现地方人才需求特色，选修课方面可以多方开设地域文化特色、区域产

业特色的课程,便于学生了解地域文化和区域经济发展走向,培养当地就业和服务的职业意识。再次,课程内容的合理安排,在原有的基础上的合理切割、填充,注重课程之间内容的衔接和配合,基础理论与实践操作的分配,职业素养与行业规范的培养。最后,教师资源的有效配置。教师首先迎合区域经济发展的需要,与时俱进,大胆开展课堂教学改革,包括教学方法、教学内容、教学考核的大胆尝试,迎合时代需求,同时,教师结构也可调整,引入企业里不同岗位的成熟员工和优秀员工,利于工学结合,增强校企师资员工互动性。比如当下很多高校教育要主动融入区域发展、产业发展、城市建设和重大生产力布局,职业院校要结合区域功能、产业行业布局特点,走差别化发展的道路,顺应新一轮科技革命和产业变革及新经济发展,积极开发人工智能、云计算、智能制造等战略性新兴产业相关领域新专业,并和行业共同配备师资力量,企业参与学生课程教育和考核,学生作为人才直接为企业所用。

2. 跨界学习多元交叉综合育人

事实证明,单一的学科专业育人模式已经无法继续前行,跨界学习、多元交叉,交融联动的综合育人模式逐渐成为主流。跨界与融合目前在各行各业成为时尚引领,教育界也不例外。如上所述从专业设置、课程体系、课程内容、师资配备、育人考核等诸多高校改革的育人环节都充分展示了跨界与融合的思想。跨界思维,意味着我们要敢于超越之前思维的局限,突破传统工业时代那套讲究程式、严密、控制的思维模式,寻找到专业与人文、理性与感性、传统与创新的交叉点,甚至重新审视自我,甚至完成自我颠覆和重塑。当下,信息技术的广泛应用把我们拉进大数据时代,大数据正成为经济、管理、数学等等学科交叉研究的新热点,也正成为推动经济转型发展的新动力,如重构制造与服务产业体系,促进传统产业转型升级等。许多区域经济结构转变对人才的需求也不再是某一个单一的学科专业的人才,而是多学科交叉,多元文化培育的人才,如营销领域人才早已和电子商务人才融为一体,传统意义的秘书办公人才早已和新媒体运用融为一体。可见,高校教育的跨界学习,多元学科,多元文化交叉综合培育人才是迎合企业发展需求的必然选择。

(三)主动出击外联继续推进产教融合

1. 明确高校企业协同育人的双主体地位

2017年12月19日,国务院办公厅印发《关于深化产教融合的若干意见》(国办发〔2017〕95号,以下简称《意见》)。《意见》强调将产教融合从职业教育延伸到以职业教育、高等教育为重点的整个教育体系,产教融合不仅适用于应用型高校,也适用于研究型大学。《意见》提出面向产业和区域发展需求,健全完善需求导向的人才培养模式,强化了需求引领,其强调指出:"深化产教融合的主要目标是,逐步提高行业企业参与办学程度,健全多元化办学体制,全面推行校企协同育人,用10年左右时间,教育和产业统筹融合、良性互动的发展格局总体形成,需求导向的人才培养模式健全完善,人才教育供给与产业需求重大结构性矛盾基本解决,职业教育、高等教育对经济发展和产业升级的贡献显著增强。"可见,育人主体由原来的高校已然转变为高校、企业协同的双育人主体。

高校需要面向产业和区域发展需求，不断健全完善需求导向的人才培养模式，以区域发展需求为引领，以新技术、新产业和新业态的发展对于人才的迫切需求为落脚点，解决产业发展需求与教育供给之间不匹配的问题，着力优化教育结构，提高教育质量，促进就业创业，只有这样，才能更好地为受教育者提供更优质的教育服务，更畅通的就业渠道和更广阔的发展空间，努力让每个大学生都有展示人生精彩的机会。

2. 高校区域优势互补继续推进产教融合

客观讲，区域经济的发展不单纯取决于其所掌握多少社会资源，它应该取决于区域内政府、企业以及学校的发展方向与各方所作出的科学决策。高校就应该主动出击，与社会企业及组织形成联动，用科学审视、促进经济发展的目光深入探究区域经济发展所需要素，在长期的校企合作过程中获取宝贵数据，积累经验，提出科学决策。

需求是发力点。高校的产品不外乎智力和人才两个方面。首先，瞄准需求，高校可以配合地方机构主动参与成立校企合作研究机构，构建高水平的研究平台。比如某地某医学院就与社会公立医院合作共同建立了大数据智库与药理实验中心，专门为校内学生创造专项实验项目参与集会，直接将医药项目交给该医学院，开展探索性研究与应用性研究，推进了校企共建成果，日后该高校也为该公立医院输送了大量医学科研成果与医学专业人才，实现了互助共赢，也间接促进了区域经济向前发展，为地方企业及社会组织直接提供知识智力服务，提供优秀人才。其次，高校与地方区域要进一步做到优势互补，大力推进产学研发展模式，基于科技创新原则建立产学研结合主体。例如建设对外开放的企业硕士、博士、博士后科研流动站，在产学研模式下专门培养能够带头产业学术发展的领头人，并随时实现知识更新，保证教育培训体系的健全完善和丰富化。再次，区域经济发展中提供所需的研究目标和人才需求的类型、数量等，为高校技术研究、人才培养提供相对明确的信号。当下高校校企合作模式有很多，学校引进企业，工学结合，订单培养、集团化办学等等，没有任何一种模式是放之四海而皆能用的，要推进高校服务区域经济发展，关键是厘清区域经济对智力和人才需求的类型、特点，从需求入手，政府搭台，提高高校科技成果转化率，摸清高校区域行业相适应的校企协同育人的模式。

只有通过深化产教融合，有效促进教育链、区域产业链、人才链、创新创业链等有机衔接，才能高效解决人才培养供给侧和产业需求侧在结构、质量和水平上不完全适应的问题。只有这样做，才能提升地方高校服务区域经济发展的能力和效果。

地方高校应该准确定位自我，思考自身如何健康、有效、快速的培养人才，展开有效率的科学研究，全身心投入到面向区域经济发展的服务当中，满足社会发展需求，并正视自己对区域经济发展都产生了哪些影响，实现高校建设与人才培养的重要价值。

第二节　高校服务型行政管理体系

随着我国基础教育课程的不断完善，高校的服务型行政管理体系也逐渐发展变化。与此同时，随之出现的各种各样的问题也需要及时地解决。本节首先介绍了"高校服务型行政管理模式"的概念，初步讨论了其具体含义，针对我国高校当前行政管理方面出现的各类问题给出了实际建议。

近几年，随着我国高校"行政化"问题的持续深入，在教育界引起了广泛的关注。当前，部分高校的"行政化"完全没有顾及高校或其他社会机构的正常发展，已经出现了"越界"行为。与此同时，我们应该清晰地认识到，自从高校实行行政化管理方法后，具体分配内外职责时，出现分配内容混乱不清等问题，不属于行政管理者的工作内容，部分管理者会强行"越界"进行参与，甚至干涉部分工作。事实上，我国高校自身在不断地发展，因此，为了积极构建服务型学府，需要转变行政管理方法，优化管理方式。优化高校行政管理的方法也可以借鉴服务型政府的实际经验，以防行政权力过度增加，积极引进各类健康合理的服务型行政管理方法，最大限度地发挥出高校学府的实际功能，便于培养各类人才、促进社会的发展。

一、高校服务型行政管理的基本概念

高校相关行政部门，要从员工的实际利益需求出发，强化相关行政部门的实际功能，通过这种先进的服务方法和管理制度，促进学生和高校教职工的成长，为其提供高质量的服务。在实际探究高校服务型行政管理过程中，研究人员可以仔细研究行政管理职能、行政管理理念、行政管理方法和行政管理体制。具体而言，针对管理理念，被管理者应该积极转变服务方向，增强服务广大师生的意识，提高师生的决策参与权，从而为全体师生营造良好的学习氛围。针对管理职能，实际管理人员更应转变思维，改变官本位的思想。行政管理中心便是科研教学中心，方便其权职部门向服务型部门转变。就管理组织制度来说，为了避免组织结构的烦琐冗杂，应该舍弃传统的金字塔组织结构。管理人员可以使用扁平化结构，强化高校行政管理职能。针对管理方法，高校管理人员可以强化管理活动的公正化、公平化和公开化，用互动式管理方法代替家长制管理方法。

二、高校服务行政管理出现的问题

行政功能强化。现阶段，就当前我国的高校管理过程，在某种程度上仍旧存在着"小团伙""小圈子"等各种现象，这直接影响到高校行政管理部门指令的落实，也影响到高校行政管理相关经验的顺利推广。以上各种问题，会直接影响到行政功能的实现和行政管理理念的推广。因此，如何具体行使高校行政管理，也面临着各种挑战。

管理人员素质参差不齐。就目前而言，部分高校的工作人员和行政管理人员对自身定位的意识尚不明确，自身专业化管理知识储备薄弱，工作不努力、存在玩忽职守等现象，特别是部分工作人员在思想意识上轻视高校行政管理工作，仅把写报告、开会当成了每天的工作内容。实际上，管理报告的内容也是千篇一律，很难发挥出行政管理的实际价值，不能及时反馈高校师生的实际诉求，真正落实好高校的各类政策，从而实现服务师生的目的。

三、构建高校服务型管理体系的具体方法

坚持科学的行政管理理念。从某种角度来说，管理工作是为了促进相关成员落实实际组织服务的目标。高校实行行政管理方法时，也要遵循这种基本原则。实际开展各类管理工作时，需要统筹开发和尊重各类人力资源，始终遵循"科学发展观"理念，取消传统的管理方法，积极树立"以人为本"的行政管理理念，严格落实高校行政管理工作的核心内容，推进服务工作的进程，努力构建社会和谐校园文化，推动高校师生的全面、健康发展。

在实际管理过程中，尊重每位学生的个性化需求，把服务师生当作管理工作的归宿和出发点，从而为学生日常生活提供各种便利条件，教师可以全身心地投入教科研工作中。除此之外，行政管理工作的一项重要内容便是不断提高高校行政管理者的水平，更好地服务师生。与此同时，相关工作人员应该强化"管理即责任"的管理理念，强化行政管理人员自身的服务意识，更好地为服务对象提供服务。

总的来说，工作人员需要坚持科学化管理方法，打破陈旧性思维模式，将各种理论运用在实际操作中，便于更好地指导实践。当前，我国高校行政职能部门需要从决策角色中解脱出来，引导人们树立平等意识、本位观念和合作理念，为高校学生提供最方便的服务，最大限度地发挥出资源的实际价值，努力提高高校行政工作效率，推进我国管理体系的良性运行。

提高管理人员的从业水平。现阶段，我国教育服务行业飞速发展，为了强化其服务管理水平，需要提高相关工作人员从业素质，强化自身专业技能和职业素养。具体包括日常语言习惯、日常处事方法等多个方面。加强管理人员队伍建设，制定科学合理的聘用方法。具体招聘时，可以采用多种招聘方法，不断提升其实际综合素质，真正掌握行政管理工作的具体内容。合理使用自己的职权，提高高校行政教学工作水平，管理者也应合理使用自己的职权，以便为高校行政工作服务。除此之外，行政管理工作人员应该积极录入高校管理人员考核系统，严格遵循行政管理考核步骤，不断提高高校行政工作人员业务水平。

加强服务机制的组建。现阶段，我国教育机构的工作目标包括构建服务型行政管理体系，高校行政管理需要具备完善的管理服务机制，尽可能地满足其服务对象的个性化需求。具体来说，包括以下几个方面的内容。首先，可以建立科学化沟通服务机制。其次，加强高校师生员工、社会服务对象和高校行政管理部门的联系，保持良好沟通和建立反馈机制。其实际要求必须借助相关途径进行反映，便于立刻向高校行政管理部门如实汇报，并及时有效地回应。在高校实际回应时，可以借助微信公众号、微博或高校官方网站等多个平台，以便在一定程度上提升回应的速度和质量。高校可以积极组建服务评价机制，强化服务质量和行政管理服务内容，从源头上提高高校行政管理工作质量。最后，努力构建综合性高校行政服务机构，努力组建"一站式服务大厅"，提高行政服务效能和质量。

优化行政管理的组织机构。从某种角度而言，为了促进高校行政管理工作，方便其顺利实施，可以创建科学化行政管理组织结构，努力提高行政管理工作的实际效率，不断提高其组织结构服务质量的利用率，实际上就是要积极组建行政组织机构，实现扁平化和简约化发展。从专业角度来说，扁平化组织机构具有费用少、传播迅速、管理范围广、失真率低等特点，这不但可以提高组织者的应变能力和实际工作效率，同时也能激发高校教职工的创造能力。具体实施过程中，工作人员可以根据市场环境，不断调整总体设计方案，进一步改变传统的多层次组织结构，减少中层管理职位和中层结构，并大量精简具体职能部门，实现横向组织结构的发展，适度增添综合服务组织机构，强化横向组织机构的使用力度，积极组建综合服务组织机构。例如，具体进行高校行政管理工作时，可以不断优化行政管理工作的职能部门和权力部门。系统分析各种原因后发现，合理优化职能和权力部门的管理权限，有利于加强及构建更合理的行政管理服务模式，尊重所有师生反馈诉求，更好地为广大师生提供优质服务。

总的来说，高校服务行政管理方法不是一成不变的，这需要我们从管理制度、人员素质、管理理念等多个方面进行探索和实践。当前，我国政府"行政服务"理念不断优化创新，通过不断提高高校教育理念意识，推动了我国高校服务型行政管理体系的组建。

第三节　高校服务区域经济的网络空间

高校服务区域经济是高校社会服务职能的空间实现。高校服务区域经济从理论上存在四种可能的实现模式，但从现有的条件看，高校区域经济服务职能处于一种信息沟通失灵的困境。网络空间的建构是克服这一困境的有效手段。政府网络空间建构和高校区域经济服务职能的实现方面应该承担主体责任，发挥主体作用。

一、高校服务区域经济过程中的问题

高校为区域经济服务是高校社会服务职能的空间实现，是高校服务地方社会经济的重要内容。从高校服务社会职能的形成角度看，它无疑是高等教育理念的一种创新，而这一理念的产生则是高校与社会关系变化的产物。早在1862年，美国政府就颁布了《莫雷尔法案》。根据该法案，联邦政府下的每一州可以依据本州在国会的议员数获赠一定的土地，建立高校。高校在教学科研的基础上，依据自己的科技人才优势促进地社会经济发展，从而发挥大学的社会服务职能。这就是"赠地学院"的由来。"赠地学院"开创了美国高校为社会服务的先河，不仅影响了美国的高等教育，对世界高等教育的发展也产生了深刻影响。长期以来，我国高校的职能定位相对狭窄，为社会服务的理念并没有得到重视。1988年召开的全国高等教育工作会议才明确提出："高等院校要积极开展各种形式的社会服务，进一步发挥学校潜能"。由此，我国的高校才开始了从自身优势出发开展社会服务的实践探索，并逐渐步入高校社会服务职能的常态化轨道。

就高校服务社会的内容来看，大学服务职能面向社会发展的各个方面，包含经济、政治、文化、科技等。但高校的经济服务职能无疑是最主要的职能，这是由高校的科技和人才优势所决定的。就高校服务社会的主体类型而言，同部属高校相比，地方高校与地方的各种联系更为密切，但从空间地域看，无论是地方高校还是部属高校，都必然会积极利用它们各自拥有的科技和人才等信息资源，为高校驻地的经济社会全面发展提供各具特色的社会服务。

高校服务社会经济从实现过程看，并不是高校资源单向输送，而是地方社会物质资源和高校科技人才资源的双向对接。由于不同地域空间生产要素和各个高校人才科技资源的同质性和差异性原因，高校服务区域经济社会有四种模式：一对一、一对多、多对一、多对多。一对一模式就是特定的一所高校和特定的一个地方社会发生联系，服务于特定的地域空间；一对多模式就是同一高校和特定的不同的几个地方社会发生联系，服务于特定的不同的几个地方社会；多对一模式就是特定的不同的几所高校和特定的一个地方社会发生联系，共同服务于特定的一个地方社会；多对多模式就是特定的几所具有同类科技人才资源的高校和特定的几个具有同质性生产要素的地方进行联系，聚合同质性、同类型生产要素，从而服务于地方社会。

文章所述四种模式只是一种理想的理论演绎，关键是如何实现现实中的运作。从现有经验看，高校和地方社会的对接往往是偶然的、单一对接。高校服务区域经济实际上存在着一种困境，根本原因在于高校和地方社会信息的不全面、不透明。克服高校服务区域经济的困境，需要借助一种新的综合平台来化解。网络空间平台的存在可以化解这一困境。

二、高校服务区域经济的网络空间生成

网络空间，就是以信息技术为支撑的资源共享平台。高校服务地方经济是高校技术性生产要素与地方物质性生产要素的结合过程。有了提供生产要素的信息平台或网络空间，高校和地方（区域）之间就可以组合成一种虚拟合作模式。实际上，在高校服务区域经济过程中，借助网络空间所形成的虚拟经济模式是实体经济模式实现的先决条件。网络空间在高校服务区域经济过程中有其独特的地位，发挥着极其重要的作用。

长期以来，高校和地方社会的联系、生产要素的结合必须是以实体经济为载体，从起点上看，它们之间的联系具有偶发性；从过程看，生产要素的组织因空域的阻隔时间性长，生产成本加大，因而大大阻碍了高校和地方社会联系的顺畅性，一定程度上消减了高校服务社会职能的实现力度。不仅如此，由于缺少高水平的综合信息服务平台，高校和区域经济社会之间的合作还存在门类不齐全、基础不佳、功能不强等诸多突出问题，由此导致的结果是合作的体系化、集群化程度不高，现有合作平台的社会资源整合与应用的能力较差，人才专业化程度较低，合作平台紧密程度不高，处于分散游离状态，难以形成规模效益。这些都成为制约各方合作效率和效益的因素。网络技术的出现和应用在一定程度上改变了传统空间生产方式的具体形态，使得空间生产要素的聚合以一种前所未有的方式发生改变。

网络空间是高校社会服务职能实现的重要补充和新的形态，对于高校社会服务职能实现具有独特优势，这一独特优势表现在：通过信息技术在虚拟空间将高校和地方社会凝聚成一个紧密的有机整体；合作各方通过网络空间共享生产要素信息，有效降低各方寻找合作对象的交易成本；通过信息共享平台减少高校和地方在产学研合作过程中因信息不对称所造成的成本和收益风险；借助网络空间平台，供需双方可以针对特定的合作项目迅速有效达成协议，完成技术要素的产业化转移；通过这一网络空间的信息共享平台，可以为高校和地方社会提供完善的配套服务，包括政策辅导、技术咨询、金融引介以及法律服务等，从而大大提高产学研一体化的进程。

三、网络空间的功能构建维度

网络空间作为沟通高校和地方社会的信息平台，要确保各生产要素的有效聚合，应该具备一些基本的特点。第一、开放性和共享性。开放性指高校技术性生产要素的信息和地方社会的物质性生产要素的信息的开放，只有确保双方的信息共享，才能顺利进行快速对接，最终实现高校为区域经济服务的社会功能。第二、真实性和实时性。真实性是指地方社会和高校在生产要素方面的客观性以及供需意愿的真实性，并以动态性信息及时在空间网络进行发布。这是高校和地方社会进行有效性和实质性合作的必要条件。第三、完整性和综合性。完整性和综合性是指地方社会和高校在网络空间发布的生产要素信息必须是完整的，既有抽象的文字介绍，也有具体的数据支持；既有同质性资源整合，也有异质性资源分解；还要有政府政策的权威解读等。完整性和综合性是高校和地方社会针对性对接的重要条件。

高效服务区域经济职能的网络空间实现，关键是网络空间平台的建设。网络空间的构建就像是建一所房子，所涉及的问题包括谁来建基础设施，谁来维护基础设施，房子的基本功能是什么，进入房子的人如何按照实现房子的基本功能等。据此，我们认为，网络空间的构建应该坚持以下几个方面的基本原则。第一、政府在网络空间建构方面的主体责任。这里的政府是指地方政府，包括省、市、县或县级市。发展区域经济是地方政府的重要任务或职能，地方政府在高校服务于区域经济过程中发挥着无可替代的媒介和组织作用。过去，在高校社会职能实现过程中，强调产学研结合，一定程度上忽视了政府在其中的媒介和组织作用，制约了地方高校社会服务职能的发挥。现在强调争产学研相结合，实际上就是注重政府在产学研有效结合中的作用。在网络空间建构中，政府应该发挥主体作用，投入资金进行网络空间的基础设施建设，承担主体责任。第二、政府、企业和高校在网络空间管理和维护方面的共同责任。政府应该发挥网络空间主要管理员的作用，确保网络空间信息对企业和高校的开放和共享，网络空间信息的安全；企业和高校应该提供真实和完整的生产要素信息并及时更新，同时承担各自的管理责任。第三、企业和高校在网络空间的自主性沟通和对接。企业和高校应该在网络空间自主性地进行信息沟通和转换，各高校之间也可以通过开发和共享信息平台进行同质性资源组合对接同一企业，服务于同一地方经济；也可以以异质性资源和不同企业对接，服务于区域经济，实现各自的社会服务功能。

高校服务区域经济是高校社会服务职能的一种空间体现，它具有直接指向社会需求，与地方社会发生直接联系的特点。高校服务区域经济不是高校科技人才等资源对地方社会被动的单向适应，而是高校和地方社会优质资源的主动聚合和双向互动。信息网络空间的建构是高校和区域经济全面合作，充分实现高校社会服务职能的必要条件。在信息网络空间的建构方面，政府责无旁贷，企业和高校理应承担各自的社会责任，发挥各自的优势作用。

第四节 "互联网+"高校服务共享平台建设

随着高校的不断发展，高校学生因地理位置、资源条件等受限，生活服务需求不能得到及时、有效的满足，造成了生活不便。同时，也造成了其他资源的浪费。为此，通过大量的调查问卷及校园采访，研究了如何进行高校内部服务资源的优化配置，并且利用互联网建设一个服务共享的平台以供参考借鉴。

我国目前共有近3000所高校，随着高校的不断发展和扩招，许多高校迁至郊区，全国位于郊区的高校已超过70%，郊区距离市中区较远，资源不够全面，交通不够方便，大学生问题不能及时解决，给大学生生活带来了诸多不便。

据统计，我国目前在校大学生人数约3000万人，这个特殊群体数量庞大，整体素质差异较小，且具有一定才艺技能（如美甲、手工裁缝、手机电脑维修等），而大学生在日常生活中需要这一类的服务，两者之间没有足够的信息平台机会作为衔接，导致了资源的浪费。当下，资源逐渐成为影响一个国家国际竞争力的重要因素。在高校中，更是留有大量闲置的人力资源（如代取物件、代买商品、手工缝纫等），如若将其整合、优化配置发挥其作用，将大大提高资源利用效率，同时也给大学生生活带来便利。

另外，具有一定技能者想要创业的大学生却因为缺乏平台和资金资源等的支持而放弃。因此，为满足大学生需求，为大学生生活提供便利，同时给大学生提供门槛低的创业平台和资源设备支持，十分有必要创建高校服务共享平台，集合具有一定技能的大学生创业者，以宿舍为单位，开展收费服务。

一、"互联网+"高校服务共享平台需求分析

一方面，高校内部所提供的服务资源不够充分（如学校打印社受时间限制不能24小时满足同学打印需求），不能满足大学生的生活需求，给大学生带来生活上的不便。另外，即便有这样的服务，也都是相对零散，没有统一渠道，让大学生在寻找这一服务时，需要花费大量的精力和时间。因此迫切地需要改变，整合校内服务资源，让大学生能够更方便快捷地接触到更多服务资源，为大学生节约时间、节约金钱，提高生活质量和资源利用效率。

另一方面，高校共享服务平台的创建响应了国家"大众创业，万众创新"的号召，为广大高校学生提供了创业平台以及创业资源设备等的支持，积极鼓励并方便大学生创业。本项

目通过互联网，结合大学生生活，深入高校紧跟互联网时代步伐，将互联网的创新成果深度融合于高校发展之中，提升实体经济的创新力和生产力。

各高校虽建有闲置资源交易平台，但是与其他的一些大学生闲置资源相比较，该平台主要针对服务资源，范围虽小，但目标明确。在我国对服务资源进行整合利用的平台相对较少，这一平台的开发既是对资源的整合利用，也是鼓励大学生发展自己的技能，努力实践。

根据以上原因，高校服务共享平台应运而生。在"互联网＋"的大背景下，它以平台的形式发挥作用，整合高校内部资源，合理配置资源，提高资源利用效率，发挥大学生才能，鼓励大学生创业。

二、"互联网＋"高校服务共享平台功能探讨

（一）平台概况

"高校服务共享平台"是一种对大学生校内服务资源优化配置的路径，与近年来的淘宝网、拍拍网等采用同样的"C2C"电子商务模式，是一种新型的消费方式，也是"互联网＋共享经济"的产物。此平台上，汇聚了高校大量的人才以及他们所带来的服务等信息。在平台上每一位高校学生都能通过平台搜索找到本校能够为其提供服务的类型和人才。而平台只是作为信息的提供方，为交易双方提供可交易的时间地点、参考价格等，但不参与双方具体的交易。

（二）平台特点

在"互联网＋"的时代背景下，平台顺应了电子商务模式，使信息得到更广泛、更快捷的传播，促进了交易的达成。同时也大幅度降低了人力、物力、财力和时间的消耗，节约了经营成本。

平台经营内容更具针对性。与其他的大学生闲置资源交易平台相比，该平台主要提供一些服务信息，如打印服务、代取代买、艺术摄影等。大学生群体素质差异较小，用户只针对大学生，方便管理，也不易发生道德风险。精确的服务范围，服务内容，让平台更加专业。

给大学生提供创业机会。平台为大学生提供便利的同时，也吸引具有一定技能的人才进行创业，通过自己的服务获取利润，帮助大学生在实践中成长。

三、"互联网＋"高校服务共享平台的设计研究

（一）平台形式的选择

微信公众平台自 2012 年 8 月被推出后，迅速成为企业、机构、媒体、个人用户继微博之后的又一活跃阵地。在2018年，微信成为日活跃用户最多的社交媒体平台，日活跃用户达到9.02亿。根据前期的线上和线下调查发现，大多数学生也更愿意接受微信公众号和手机APP的形式。除此之外，经过市场调研后发现，微信公众号形式的平台获取用户和运营成本均低于APP形式的平台。结合高校实际情况来看，微信公众平台使用方便，信息传播方式多样化，还能实现平台沟通互动，是进行信息交流很好的选择。

语文教学是培养学生观察、想象、分析、解决问题能力的有效途径，学生在习得知识、

感悟语言的同时，还要融入自然、深入社会，在生活的体验中陶冶情感、提升品质。语文活动形式多样，可表演、可演讲、可辩论……学生在活动中体验到学习的快乐，感受到语文的魅力，感受到语文教学的真谛。教师要将活动的自主权交还给学生，让学生通过有序的实践活动将课堂与课外互动互补，让学生在提升听说读写的能力的同时，获得情感的体验、人格的塑造。

（二）平台的建立与设计

决定使用微信公众平台后，团队成员开始学习微信公众平台运营知识，并且建立名为"多米小铺"的微信公众号作为高校服务共享平台。"小铺"更加贴近生活，"多米"是"dorm"的谐音，意为宿舍。

1.微信公众平台菜单栏设计

从本质上来说，自定义菜单其实就是公众号一组日常的流量入口。用户点击菜单后，可直接收到设置的信息，形式包括文字、图片、语音、图文消息。"互联网＋"高校服务共享平台是为用户提供信息的日常性流量入口，因此从初期来看，微信公众平台设计了三个菜单栏，分别为"寻找服务""领福利""联系我们"。"寻找服务"主要为此平台的用户寻找所需服务而提供，点击菜单即可找到自己所需服务并购买体验服务；"领福利"为大学生用户提供了 PPT 模板、个人简历模板、英语四六级等资料，增加已关注用户对平台的黏性，吸引未关注用户的关注；"联系我们"涉及用户与平台商家两方。一是解决寻找服务的用户在与平台商家进行交易时遇到的问题或对平台的其他问题的反馈；二是解决平台和商家的合作（此处"商家"指能够提供服务的大学生个人或者群体）。

至于后期，还需根据平台发展状况进行内容调整，菜单栏的更新迭代，以满足新用户需求，维持老用户的活跃度。

2.服务类别设置

根据前期的调查，设置文件打印服务、手护美甲服务、电脑维修服务、钥匙修锁服务、行李搬运服务、手工缝纫服务、蔬果配送服务、艺术摄影服务、照片彩印服务 9 个服务类别。以文件打印服务、电脑维修服务、蔬果配送服务类别为主要服务类别，根据后期市场需要逐步增加其他服务类别。

四、"互联网＋"高校服务共享平台构建分析

建立初期，采用线上线下全面推广模式，线上利用学习资源的分享进行粉丝裂变，线下采用地推或与其他社团、组织合作等方式进行推广，吸引各高校学生关注平台，打开高校市场。与此同时，寻找高校内有意向创业或者有美甲、缝纫、电脑维修等技能的学生入驻平台，平台将为其提高曝光度以及创业机会，且不收取任何费用。

建立中期，依靠交易双方的信息提供维持流量，同时也进行进一步的深入推广，使平台遍及到每一位高校学生。通过内容运营和活动运营增加用户黏性，保持用户对平台的长期关注和使用。最终通过软文推广、流量主开通等第三方广告形式获取利润。

在互联网和大数据时代背景下，高校服务共享平台具有广泛的发展前途。

首先，该平台区别于其他高校闲置资源交易平台，它针对的资源范围更小更加具体，也体现了平台的专业性，为用户提供更加舒适的服务。

其次，平台提供的服务性价比较高，可减少大学生的日常开支，优化大学生的消费结构，从而避免校园贷的发生，为学校学生安全做出了一份贡献。

最后，该平台建立在微信公众平台之上，微信平台日活跃用户 9.02 亿，且操作简单，扫码关注即可查询相关服务信息，为平台带来巨大的流量与利润。

第五节　高校服务育人评价机制的建构

服务育人评价机制的建构应遵循评价内容的适用性、评价方式的客观性、评价结果的实效性、评价体系的动态性原则。当前服务育人评价机制面临着失真性、实效性、科学性以及效用性不足的困境。通过优化评价内容、树立大数据思维、构建立体追踪评价体系及注重执行中的监管，以此提升高校服务育人质量，增强服务育人在教育学生方面的价值。

习近平总书记在全国高校思想政治工作会议上指出："思想政治工作从根本上说是做人的工作，必须围绕学生、关照学生、服务学生，不断提高学生思想水平、政治觉悟、道德品质、文化素养，让学生成为德才兼备、全面发展的人才"。可见服务育人在高校思想政治工作中的重要地位正日益显现，然而随着进入新时代我国对高校服务育人有关要求的提高，以及高校在服务教育学生中遇到的瓶颈和服务育人评价机制自身存在的问题，使得服务育人评价机制在实际工作中面临着一些困境，如服务育人评价过程及结果的失真性等问题，需要有一套科学、客观的评价机制来衡量服务育人的工作成效，以便在服务中更好地发挥育人功能，促进高校服务育人质量的提升。

一、构建高校服务育人评价机制应遵循的基本原则

构建高校服务育人评价机制应坚持评价内容的适用性原则、评价方式的客观性原则、评价结果的实效性原则以及评价体系的动态性原则，让高校服务育人评价机制伴随着社会的要求以及高校的发展、学生的成长而不断丰富完善，使服务育人更好地服务高校"立德树人"这一总目标，满足学生身心健康发展的需要，促进学生思想品德的提升。

评价内容的适用性原则。我国高校基数大、存在着地域性与办学层次上的差异、发展阶段的不同性，各学校自身的文化及学生的素质也存在着差异。因此，在高校服务育人质量评价的内容设计与具体要求上需要依据每个学校的现实情况量身打造。评价内容的设计绝对不能搞"一刀切"，必须根据高校办学实际条件进行分层分类的差异性评价。但是，在服务育人内容中应制定一套符合我国高校现况的评价体系，即各高校应达到的基本的标准与要求，以确保高校服务育人的质量。

评价方式的客观性原则。评价人员在高校服务育人评价过程中要秉持客观公正的态度，

不应将个人的感情带入实际评价中。如果有关人员对指标体系和评价内容的评判带有私人的情感态度，那么会造成评价结果的不真实性。当然，评价对象要将信息真实反馈给评价人员。评价信息的真实性直接影响到评价结果，同时也会影响到评价机制的构建。因此，有关方面要强化高校服务育人评价信息的收集工作，评价信息收集的越充分，对相关内容的评价就越真实，评价的结果也就越准确，有助于更有针对性地解决服务育人评价体系中存在的问题，从而加强服务育人的效益。此外，有关方面对服务育人的评价可以应用多维立体的方式全面科学地评价高校服务育人的工作成效，打破过往单一偏主观性的评价。我们需要借用大数据在搜集、处理信息中的优势，将高校服务育人的有关数据进行存储与分析，制定出更合理的评价体系，对一些指标进行细化与量化，让评价结果客观、公正。

评价结果的实效性原则。高校服务育人评价机制的构建中，不该忽视评价结果的反馈这一环节，尤其是对评价结果中提出的有关建议往往不够重视，评价反馈最终以书面反馈结尾，对评价中暴露出的问题不及时解决，造成对服务育人的有关评价流于形式，将原有的问题持续堆积，影响服务育人的效果，错失推动服务育人机制改革的进程，使服务育人工作不能再上一个台阶。同时，负责服务育人的评价主体应该以强烈的事业心及时将评价结果反馈给评价对象，让评价结果的效用得到最大化的发挥。实效性高的服务育人评价机制能够发挥出良好的效果，让学生在被服务的过程中感受到学校的温暖，让学生的心灵得到慰藉，促进他们思想境界的提升。

评价体系的动态性原则。服务育人评价既是对高校在服务过程中穿插教育学生的成功经验进行的一次总结，也是寻找与预期目标存在差距的一个过程。通过全面、公正的评价，查找服务育人中还存在哪些需要补强的短板，同时透过完善相关指标体系的建设更好地引导服务育人教育。因此，服务育人评价机制的构建不是一层不变的，更需要依据国家对高校的要求进行动态调整，服务于国家人才培养的需求。另外，相关评价机制也应根据高校自身建设的要求及学生成长的规律进行调整，让服务育人在实现高校"立德树人"总目标中发挥更大的贡献。

二、探析服务育人评价机制面临的困境

高校服务育人是为"立德树人"这一总目标服务的，是为了更好地让学生成才，但服务育人评价机制在具体的实践中面临着相关内容设置的不合理性、不规范性，服务育人效果不理想与评价人员的主观随意性，以及服务育人评估反馈的时效性等困境。

相关内容设置的不合理性、不规范性，造成服务育人评价过程及结果的失真性。高校服务岗位的根本宗旨是立足于在服务学生的过程中渗透育人，达到教育学生的目的，可有关的评价内容未随社会的发展以及高校需求而及时地调整，存在滞后性。并且对于服务人员的考评机制中，没能依据不同类型高校出台相应的评价内容，造成有些高校为了评估而出台一些不切实际的规章制度，在实际服务育人工作中很难落实。以及现有的评价服务内容中有关育人的权重所占比重不高，侧重于对教职工工作上的评价，忽视了对教职工教育职能的考价。

服务育人效果不理想以及评价人员的主观随意性，使得相关评价机制缺乏实效性与科学

性。很多高校的服务部门存在着各自为政，缺乏有目标、有规划地开展服务育人工作。一些高校没能将育人效果作为评价服务岗位效能的依据和标准，举办的有关活动育人渗透性不强。甚至一些高校对服务育人主体认识不深化，以为服务育人只是学校后勤人员应承担的职责，忽视了对其他职能部门人员的要求与管理。在服务育人评价中也存在评价人员走过场、形式化，没能如实反映评价对象的真实情况，及时调整有关育人方式，让高校服务育人达到预想目标。以及在评估中考虑主观因素，让评价效果不佳，如有些评价人员未对评价对象进行相关评价就得出结论。

服务育人评价结果反馈的不及时，导致服务育人评价的效用性不强。对服务育人的评价是为了更好督促高校整改落实，促进服务育人质量的提升。评价主体即囊括上级部门与学校对服务部门落实育人工作的检查，但有些时候会出现评价反馈的延后情况，错过了有效整改期，让评价作用发挥的不明显。还有，评价主体对高校服务育人的整改情况没能进行督查，出现有些高校思想上的放松，对评价中反映的需要整改地方敷衍了事，阻碍了服务育人新局面的形成。以及评价对象在缺乏有关机制的监督下对整改工作不到位，没能很好地利用评价使相关工作得到提升。

三、创新高校服务育人评价机制建设

高校服务育人评价机制主要功能是让评价结果公正、及时、准确地反馈给评价对象，以便提升服务育人质量，从而更好地帮助学生树立正确的世界观、人生观、价值观，成为堪当民族复兴大任的时代新人。评价主体可以通过优化评价内容、树立大数据思维、构建立体追踪评价体系及注重应用奖惩与监管机制，以此提升服务育人评价机制的科学性、实效性，让学生在体验、享受高校服务的同时受到隐性的思想教育，提升学生的思想品格。

优化有关评价内容，完善服务育人评价体系。通过有针对性地补充相关评价内容，细化评价内容。同时对不同类型高校进行差异化评价，不搞"一刀切"，不盲目跟风，让高校将服务育人评价指标落实到平常工作中。同时高校党委要重视与加强服务育人队伍建设，引导学校相关部门实现育人资源的整合，定期地对从事服务育人的有关人员的培训，增强他们的服务意识，让他们拥有强烈的事业心，并通过在服务学生的过程中将他们对事业、工作的态度与热情传导给学生，无形的让学生受到教育，从而影响学生的日常行为。另外，高校可以邀请国内外有关服务育人专家学者，对学校服务育人内容体系把脉诊断，提出有效意见，促进服务育人评价内容的完善。

树立大数据思维，在服务育人中巧用大数据优势。大数据在社会各领域的应用日益广泛，其创造的价值受到人们日益重视。"借助大数据思维，更加快捷有效地掌握思想政治教育实践的客观实际，创建和发展实思想政治教育实践模型"，思想政治教育在大数据的应用上方兴未艾，高校服务育人评价机制也可以借用大数据在搜集、存储、处理与分析数据上的优势，对高校有关服务数据进行挖掘，同时通过高校智能服务终端对学生经常使用的服务项目进行追踪、整理，以便高校有关人员更有针对性地将思想政治教育穿插其中，让学生在无意识中

接受教育。另外评价主体可以透过大数据的客观性与高效性，科学的调整有关评价内容所占的权重，合理编制服务育人评价体系，让评价机制更显活力。

构建立体追踪评价体系，建立服务育人奖惩机制。高校在日常教学评价中应纳入服务育人评价内容，同时高校有关服务部门也需要根据国家有关服务育人评价标准制定部门内部考核条例，定期进行自我检查，及时改正服务育人工作中出现的问题。还有，高校应定期开展服务育人满意度测评，让学校师生参与其中。当然服务育人评价体系是个动态调整的过程，任何一个评价体系都会随着社会实践的发展而发展，在具体工作中教育主管部门和高校应以"立德树人"为主线，同时根据高校自身条件、学生成长特点对评价机制进行密切追踪与动态调整。另外，服务育人评价标准的落实需要有关部门与学校教育者齐心协力、共抓共管，并引入适当的奖惩机制，鼓励与批评并轨，共同施力高校服务育人工作。

加强对服务育人评价机制在执行中的监督。"要使思想政治教育资源得到合理配置，需要加强思想政治教育管理规范和制度建设，对思想政治教育资源的类型、配备、调动、划拨等预先做出制度性安排"。服务育人评价反馈的落实需要有一整套科学、规范的制度保障，尤其是要建立有效的纵向与横向监督机制，便于对评价主体与评价对象的有关言谈举止进行约束，让服务育人评价工作不走过场、不变样，同时使得高校有关部门与服务人员心存戒律，贯彻好国家与学校有关服务育人的要求，引导学生身心健康发展。

第六节　高校服务型机关建设

加强高校服务型机关建设是当今高校机关干部深入基层、服务基层的一项重要举措。文章通过论述高校服务型机关建设的理论和实践，以提升机关干部服务观念，转变服务方式，提升服务效率，对于当前树立机关干部良好形象，提高服务质量有积极的现实意义。

高校机关是当今高校的重要组成部分之一，它是学校党委、行政及教学研究服务单位的中心枢纽，更是联系学校广大教职员工的重要桥梁，承载着推动学校各项方针、政策以及改革的有效贯彻和落实的重要地位。新的历史时期，高校在各类竞争中稳步发展的首要任务就是加强高校服务型机关建设。

一、高校服务型机关建设的重要意义

高校机关是学校工作的重要参谋，机关干部是学校领导工作中决策的有力参谋及助手。它既关系到学校的校风、政风的好坏，又直接影响到学校优良的学风、教风的形成，还影响到建设和谐校园。高校机关能为学校教学、科研工作的正常开展提供保证，发挥了重要的作用。

高校机关的职能和党政机关的职能有所区别，机关作风的好坏能直接影响到学校办学质量，还直接关系到学校办学目标的实现，更能影响学校重大决策的部署、落实和实施。在一定程度上，高校机关具有一定的决策权及指挥权，它是机关与教学单位之间上下沟通、左右协调以及内外联系的纽带，是校党政领导与全校各部门之间的枢纽，是联系师生员工的桥梁。

新形势下，我们以党的群众教育实践活动为契机，抓住高校机关工作的实际与特点，狠抓机关管理工作，不断探讨工作中的新思路新方法。当前高校正迈上了事业发展的新征程，越来越多的新问题和新情况也在不断出现，这就需要加强高校机关作风建设，营造机关浓厚的服务氛围。总而言之，目前高校机关从管理型、权力型机关过渡到服务型机关刻不容缓，势在必行。

二、高校服务型机关建设存在的问题

改革开放以来，高校在数量上不断递增，同时学生人数在扩招的情况下也在不断地成倍增加，这使得我国的高等教育事业飞速发展，与此同时，也带来了巨大的挑战和压力。学校的教师队伍不足，各项教学、科研的基本设施相对匮乏，使得管理难度不断加大。在这种情况下，一线的管理人员和教学人员迫切希望学校上层管理部门能够高效廉洁地工作，更好地服务教学、科研，共同搞好人才培养。目前高校机关存在的首要问题是服务态度欠佳，服务不到位，效率不高，一部分机关干部不同程度地存在服务意识不强、服务手段陈旧、服务的团队精神不够、服务质量欠佳等问题，主要表现在：

理论学习欠缺。高校机关干部理论基础不扎实，实践功夫不到位，就会造成工作方法不得当，思路不开阔。在搞理论学习时气氛不活跃，学习脱离实际工作，两者不能够紧密结合；创新思维不够，平时工作中规定性动作较多。没有把学习理论当作高校机关干部提高自己素质的想法。日常工作中在学习上只是停留在一知半解、表面上；理论功底薄，思想观念旧、思维方式陈；工作中新办法不能及时践诺，实际工作中按部就班的情况屡屡出现。

服务意识不强。为全校教职员工服务是高校机关工作的主要职责，日常工作中仍然存在着服务意识不到位的情况，在"为基层服务，为一线服务，为师生员工服务"的意识淡薄。出现"进门难、脸难看、事难办"，不为基层服务、只为上的现象，对上布置的工作和任务能马上落实，对基层反映的问题不能及时解决；有时出现拖拉的情况，原则性与灵活性结合得不好，使工作出现推诿、搪塞和扯皮现象。对机关的地位和作用认识不清，把自己摆在领导的位置上；缺乏积极主动为教师、学生、基层服务的责任心；缺乏为学校事业发展服务的热情和激情。

服务手段陈旧。高校机关的服务手段过于单一，观念陈旧。由于机关服务观念没能及时更新，使得在为服务对象服务时的方式方法思路不开阔、办法不新颖；习惯凭借主观意志去办事，具有随意性和片面性；由于政治理论学习不足而造成一些机关干部思维认识有所偏颇，观念认识存在局限性。

服务精神欠佳。全局观念淡漠，团队认识不强，合作精神有待提升是高校机关干部一直以来存在的问题。学校工作是一个整体，好多工作是需要多个部门协调完成的，但是机关一些部门存在大局意识不强，全局观念淡薄的问题，缺乏团队合作精神，部门相互间缺乏沟通；各部门工作有交叉的时候相互间的协调不足，在干工作、想事情、做决策时，一些机关干部会从本部门利益出发，从个人角度出发，存在官本位主义思想。

三、高校服务型机关建设的重要途径

提升服务观念，转变服务方式。观念决定一切，思路决定出路。随着高校的快速发展，师生主体意识的增强，机关人员要及时转变服务理念，变管理对象为服务对象。高校机关干部要提升服务观念，转变服务方式。机关干部要对作风自评中找出的问题，深入查找原因，提出扎实有效的整改措施；涉及相关部门的问题要原汁原味地反馈给该部门，各相关部门也要制定出有针对性的整改措施，明确责任，列出整改时限。在抓处室作风建设上，一要找准切入点，从群众最不满意的地方改起；不断完善保持党员先进性的长效机制，进一步加强制度规范化建设。因此，机关人员应该在各项工作中都摆正自己的位置，掌握各项工作的运行规律，牢固树立服务意识。

提升服务效率，提高服务质量。时间就是金钱，效率就是生命。提升服务效率，提高服务质量是高校机关工作的核心问题。要全面转变机关的工作作风，做到上级布置的工作和任务马上落实，基层上报请示的工作及时答复，涉及教工和学生切身利益的事情尽快解决，对于属于本部门职权范围内的三天之内答复；暂时解决不了或不能解决的事情向基层和师生讲清原因，及时向学校及有关部门报告。凡是机关本部门能办理的工作不推、不拖，急事先办、特事特办，增强机关工作人员的效率意识。

创新服务载体，改革服务举措。随着改革开放的不断深入和高等教育的快速发展，高校之间的竞争也与日俱增，压力也越来越大。这就需要机关部门要不断改革创新服务举措。建立机关与基层联系的服务机制。机关干部必须自觉树立"为基层服务，为一线服务，为师生员工服务"的意识，以优质服务保证各项工作顺利进行。机关干部通过调研为基层师生办实事作为第一要求，做到主动热情、服务周到、言行规范、文明礼貌，充分体现对全校师生员工的服务真情。坚持原则性与灵活性相结合，慎说"不能办"，多想"怎样办"，要想办事、会办事，更要努力办成事。对确实不能办的事应向基层和师生讲清楚，并及时向学校及有关部门报告。

加强监督机制，强化服务效果。创立高校服务型机关的保障是规章制度的建立。首先在完善制度上下功夫，在开展机关"文明办公、优质服务"的活动中，努力推进"四项制度"建设和"五个一"建设。"四项制度"即岗位责任制、首问负责制、限时办理制、责任追究制；"五个一"即说好每一句话、接好每一个电话、办好每一件事情、接待好每一位服务对象、做好每一天的工作。积极提倡各处室建立符合实际的各项制度。其次在加强考评上下功夫，在开展"文明处室"评比活动中，按学校要求建立评价机制，把作风建设的成效作为衡量"文明处室"创建工作的重要标准。研究制订实施"文明处室"建设的考评方法，确定各项任务和指标的考核分值，实现目标管理的精细化、定量化、规范化。以全方面促进机关作风有新的改进，"三服务"能力有新的提升，办事效率有新的提高，机关形象有新的进步，师生满意度有新的进位。

总而言之，建设服务型高校机关是一项长期的系统工程，又是一项永无止境的工作，不

但要提升服务观念，转变服务方式，提升服务效率，提高服务质量，创新服务载体，改革服务举措，加强监督机制，强化服务效果，更需要充分发挥高校机关党支部的战斗堡垒作用和党员的先锋模范带头作用。只有这样，才能将高校机关逐步建设成为基层服务、为教学科研服务、为广大教职员工服务的"服务型机关"。

第七节　高校服务城市文化建设

当今时代已经进入文化创新和文化竞争的时代，其竞争基本单位是城市。城市竞争不仅包括物质财富生产的竞争，而且包括更深层的人文和精神、文化竞争。当前，无论是政府官员还是学界人士都已意识到文化对国家、地区、城市的重要作用，并将城市文化建设定位为新一轮城市竞争的核心。改革开放以来，我国城市建设取得了巨大的成就，正如外国评论家评论认为，中国"用20年的时间经历了欧洲两个世纪才完成同样程度的工业化、城市化和社会转型"。然而，在城市快速发展的背后，中国城市建设却日益凸显出城市的文化缺失和特色危机的问题。"南方北方一个样，大城小城一个样，城里城外一个样"，十分贴切地指出了中国城市建设在文化特色方面的问题。为此，城市的文化建设工作任重而道远。

大学自诞生以来，大家关注较多的是大学与政治、经济的关系，而对大学与文化的关系却一直不够重视。在教育的内部关系中，对文化功能这一贯穿于培养人的整个过程的功能缺乏深入探讨。实际上，大学拥有大量的科技与文化人才，他们通过知识创造、传播、交流、互动，不断地对社会文化产生巨大的影响。可以说，大学是社会主流文化的策源地和集散地，发挥教育文化功能不仅是大学发展的生命线，同时也是大学存在的历史使命。大学应发挥"第四功能"—引领文化。

一、关于城市文化的研究综述

城市的出现是人类走向成熟和文明的标志。在城市形成、发展过程中，一种有别于其他文化的独特文化——城市文化已经形成，它是城市生活的灵魂和核心，是城市赖以存在的基础。越来越多的学者关注到城市文化建设在构建社会主义和谐社会的重要作用，对加强城市文化建设的重大意义进行了深入研究。

向德平、赵力平从城市文化建设与城市发展的角度，指出城市文化建设是城市发展的重要内容，是城市发展的重要动力，是城市的形象和发展水平的标志，为城市的经济发展提供高素质的主体，促进城市经济与社会的协调发展。朱丹枫从城市文化建设与社会发展的角度强调，城市文化建设可以确保和谐社会发展方向的正确性和目标模式的科学性，为构建和谐社会提供思想和精神资源。

有关城市文化力的研究也在不断开展。有研究认为，当技术和经济发展到一定水平的时候，区域发展的优势已经开始超越区位、基础设施等物化的因素，文化等"软"因素开始成为提升区域竞争力的关键要素。倪鹏飞博士详细论述了城市竞争力的构成要素及其关系。他认为，城市核心竞争力水平主要取决于资本竞争力、文化竞争力、开放竞争力、科技竞争力四大要素，城市综合竞争力与城市文化竞争力的排名呈现较高的正相关度，即文化竞争力强的城市，其综合竞争力就强，反之则低。城市文化的建设与发展正日趋成为城市提升综合竞争力的一个强大引擎。

进入 21 世纪以来，文化竞争力在城市综合竞争力中的基础和根本性地位得到广泛认识。国内外许多大中城市都基于未来发展角度对城市文化力提出了一些新的要求与目标。

例如，美国纽约市提出"促进和保持纽约文化的可持续发展，提高对经济活力的贡献度"。英国伦敦市在《伦敦：文化资本，市长文化战略草案》中提出文化战略要维护和增强伦敦作为"世界卓越的创意和文化中心"的声誉，成为世界级文化城市。在国内，许多城市提出明确的城市文化定位，决定在文化建设上狠下功夫。广州提出"城市以文化论输赢"，把城市的综合竞争力定位于文化。杭州遵循"人无我有，人有我优，人优我特"的城市个性化原则，把"实力杭州、活力杭州、魅力杭州"作为经营杭州、发展杭州的文化理念。研究和实践充分表明，城市文化建设是城市发展的重要内容，对城市发展具有重要的作用，决定城市未来发展的动力和方向。

二、关于高等教育文化功能的研究综述

高等教育的文化功能。与其他类型教育一样，高等教育作为文化的重要载体，以知识为中介影响社会的物质生产、制度建设和精神文明建设。综合各个学者的观点，高等教育文化功能大致可以包含文化选择、传递、传播、保存、批判、创造等功能。

吴光辉在解读《潘懋元论高等教育》时，提出高等教育的选择功能是在基础教育所选择的文化知识的基础上，根据教育的需要和可能性进行再选择；高等教育的文化创造功能，是高等教育的特殊地位与有利条件所赋予它自身的一种特殊的文化功能。他认为，创造功能包括高等教育所开展的具有创造性的科学研究，培养高级专门人才并输入社会，在学术交流与思想交锋、不同文化交流与对话中实现高等教育新文化的创造等。

高等教育"引领文化"职能研究。大学的职能是大学根据社会需要应长期发挥的作用或应履行的职责。大学职能发展经历了从一元的教学职能，到二元的教学和研究职能，再到三元的教学、科研、服务职能的漫长演变。有研究者认为，大学的三元职能没有把大学职能更深层的、更本质的内涵包括进去，应该在上述三项职能之外，还有"引领文化"的职能。赵沁平同志提出"大学是最高教育机构，也是文化发展的中心。它包含众多学科领域，集精神建构、学术研究、科学发现、技术发明及人才培养于一体，成为新文化的孵化器……大学不断促进探索和争鸣，激励新思想、新学术的产生，为人类社会的文化发展做出了重要的贡献"。高等教育具有文化功能应该是众所周知的，但提出"引领文化"的第四功能则是对高等教育职能的新拓展。持这些观点的学者们认为，大学在引领文化方面的职能是有充分历史证明的。

他们指出，欧洲中世纪的大学培养出了一大批像但丁、哥白尼、伽利略、培根等大学者，他们创造并引领着欧洲的新文化，为其后来的文艺复兴和文化的繁荣与发展奠定了基础。在我国近代史上，北京大学等高校发起的新文化运动引领了当时中国社会的发展，对新文化发展、文化近代化具有重要的推动作用。

有学者提出引领文化职能不是高等教育的第四职能，而是涵盖在三大职能之中、又高于三大职能的一种职能。他们认为，大学不仅通过独特的大学文化影响社会文化，更要通过人才培养、科学研究和直接的社会服务带动社会文化的发展。

高校服务城市文化建设研究。高等教育职能发挥表现在空间概念上是有区域性的。很多研究以高等教育与城市经济、政治、文化为主题展开，而有关于高校与城市文化建设的研究主要集中在高等教育对城市文化建设的作用及路径上。宁波大学蔡真亮老师认为，发展地方高等教育是地方经济和社会实现可持续发展的要求，是提高城市竞争力和综合实力的要求，对于拉动地方经济，推进地方城市化水平，提高地方城市品位具有重要的战略意义，"教育尤其是高等教育是制度文明和高品位文化建设的重要途径"。张军等认为高等教育是提升城市文化品位的"源头活水"，对城市文化具有选择、传播、创新的功能，通过输送人才、科学研究、服务社会等途径参与城市的文化建设，潜移默化地提升城市的文化品位。雷兵等人总结了地方高校在"文化强市"中的六大作用：一是地方实用型人才和继续教育的培训基地；二是城市精神培育和弘扬的孵化器和主导力量；三是地方文化建设的人才聚集地，也是培养数以万计专门人才的主要基地；四是其所产生的科研成果具有辐射作用，对地方经济文化建设的支持具有直接性、建设性和有效性。五是地方政府的智囊库，是地方文化产业发展的重要力量；六是在推动地方人力资源向人力资本转变上，有不可替代的作用。

高校健康、快速发展对城市文化的发展起到难以估量的意义，但人们难以看到大学在城市文化、城市文化竞争力提升的功能，利用这些功能时存在片面性和局部性。陈继会提出大学聚合人才、孵化科技的功能较易为世人看到和承认，但大学传播人文的功能则不易为社会所认识。孙天胜、戚洪等学者指出，目前政府对地方高校在文化传播和扩散方面的作用尚存片面的想法，如偏重于重视大学的科研成果和从门面（如大型活动）上重视大学的影响，尤其是能带来直接经济效益的成果，而不善于全面借鉴大学学者的系统思想、很少从深入影响城市品位方面利用大学的智力资源，办一些实实在在的事情等。

通过上述研究情况的分析，我们可以发现，当前研究充分论述了高校及地方高校在社会、区域及城市发展过程中的文化功能，具体分析了主要表现形式。遗憾的是，在城市成为未来竞争的基本单位之际，学者只是笼统地停留在高等教育的宏观的文化引领功能的讨论和阐述上，或者是局限于高校与城市文化关系的抽象论述上。高校与城市文化竞争力提升的关系、高校如何真正发挥先进文化引领者的作用，让我们的生活不仅享有高科技的便利，还享有丰富的文化生活和高尚的社会风尚，提升城市文化竞争力等，都是我们需要认真研究的问题。

第二章　高校服务创新研究

第一节　高校学生工作服务主导型模式

随着我国社会政治、经济和文化的快速发展和高等教育改革的深入展开，高校学生工作受到了前所未有的冲击和挑战。传统高校学生工作模式已经难以适应新时期学生工作发展的需要，构建新型学生工作模式，成为新时期学生工作的应然之策。服务主导型模式坚持"以人为本"为理念，以服务学生工作为主导，以满足学生学习、工作、生活的需求为目标，以促进学生主体性发展为重点，将教育、管理、服务三者融为一体并贯穿于学生工作全过程，通过健全的服务系统、规范的服务管理、专业的服务队伍、高效便捷的服务方式，达到学生工作不断适应新形势、新任务、新要求的目的。

随着我国社会政治、经济、社会、文化的快速发展和高等教育改革的不断深入，高校的学生工作受到了前所未有的冲击和挑战。传统的学生工作模式，已经难以满足新时期学生工作发展的要求，构建新型学生工作模式，成为新时期学生工作的"热点"和"难点"。

一、传统学生工作模式存在的主要问题

当前，我国高等教育正处在改革与发展的关键时期。经济全球化、政治多极化、文化多元化和教育国际化，给高校学生工作提出了更新更高的要求，但由于传统观念的束缚和教育改革的滞后，日益暴露出许多妨碍学生工作发展的弊端，归纳起来主要有以下四点：

（一）学生工作者的角色定位存在偏差

随着高校学生事务的日益复杂，学生工作者不仅要负责学生的思想政治教育、班级建设、党员发展、团员发展等日常性工作，而且涉及学生档案规整、评优评先、勤工俭学、助学贷款、就业服务指导和宿舍管理等行政事务性工作，还要参与学生课堂出勤考核、学生证件办理、组织带队、参加体检等辅助性工作。尽管事务繁杂，条目众多，但大多高校的学生工作实行的是"两块牌子，一套班子"的工作模式，即学生工作者既负责学生的党政事务，又负责行政事务，让许多学生工作者难以准确定位。长期以来，高校的学生工作者被视为"消防队""生活老师""高级保姆"，究其原因，主要是学生工作没有一个明确、科学的定位，没有被广大师生所接受的工作理念。现今高校的学生工作一般实行的是"问题管理"模式和"保姆式"模式。所谓"问题管理"，即事后的管理，学生工作者扮演是"监管者"的角色，视自己为"消

防员"，把学生当成是不断出现问题的"肇事者"，重事后处理，轻事前防范。所谓"保姆式"模式，是指部分学生工作者没有充分认识到学生的主体性和发展性，把大学生当作是需要护全的对象，造成"大事管不好，小事管不完"的局面。这种模式导致许多学生对学生工作者产生依赖心理，大到学习就业人生规划，小到桌椅板凳钥匙饭卡，都要找辅导员，让辅导员一度变成了生活老师。不仅严重影响了学生工作者在学生心中的地位和形象，而且让学生工作者深陷冗杂的琐事中难以脱身，甚至让部分学生丧失独立思考和解决问题的能力。无论是"问题管理"还是"保姆式"管理都有悖于学生工作者本质上的定位。因为从根本上来说，学生工作者不仅是教育者、管理者，更应该是服务者。

（二）学生工作的理念缺乏服务意识

我国高校的学生工作起源于"思想政治教育"，其最初的宗旨是为了维护学校正常的教育教学秩序、纠正和指导学生的思想和行为偏差，为社会主义的文化建设提供有力保障。但随着高等教育的不断发展，高校学生工作的内涵和外延在不断扩展，学生工作的政治色彩逐渐弱化，学生工作的服务职能从无到有，从次到主，逐渐从隐性趋向显性。如宿舍管理、档案建立、就业指导、心理咨询、勤工俭学、国家助学贷款等在近年的快速发展，对学生工作的服务意识提出了更高的要求。由于传统观念的影响，这些工作的服务性质往往容易被忽视，导致学生工作者服务意识淡薄，使得这些工作既游离于教育和管理的职能，又不能在服务职能的框架内得到有机整合。

（三）学生工作者的专业素质难以适应要求

目前，许多学生工作者非"科班"出身，缺乏学生工作所必需的管理学、教育学、心理学等方面的知识。在处理学生工作的问题时，缺少专业理论指导，而是单纯依靠感性认识和经验来解决问题。这种可靠程度不高并且缺乏针对性和实效性的工作方式，不仅造成学生工作者的心理压力大、工作负担重，而且直接影响学生工作热情，自然也谈不上服务学生。此外，随着学生工作范围的日益扩展，部分高校为了满足学生工作者数量上的需求，选取了一些兼职人员从事学生工作。这些兼职人员，由于待遇不稳定，角色不清晰，流动性较大，常常出现工作时紧时松、情绪忽冷忽热、成效时好时差的现象。

（四）学生工作的职能和责权不够清晰

高校的学生培养基于内部管理职能，把学生培养与管理划分为两个部分：教学工作、学生工作。长期以来，许多科任老师只注重课堂专业知识的传授，而忽视学生的习得过程和思想素质修养水平的提高，这也是导致学生上课出勤率低、课堂纪律差的重要原因，对此，有的科任老师非但不扪心自问和自我批评，反而对学生工作者横加指责。这其实就是学生工作的职能含糊不清。此外，随着学生事务的增多，学生工作范围的扩大，学生工作越来越多涉及与后勤部门、现代教育技术中心、图书馆、校医务室和保卫处等部门相关的服务，相互之间往往联系紧密却责权模糊，许多学生遇到具体困难时，不知道该找哪些部门解决，往往到处碰壁，苦不堪言。

二、高校学生工作服务主导型模式的内涵及意义

最早提出高校学生工作服务主导型模式的是武汉纺织大学张文凯教授，他在深度探究其他学者提出的学生工作服务型模式的基础上，强调"主导"的重要性、必要性和紧迫性，从而创立了以学生为主体、以服务为主导的新型学生工作模式。笔者以为，张文凯教授的观点可概括为：坚持"以人为本"为理念，以服务学生工作为主导，以满足学生学习、工作、生活的需求为目标，以促进学生主体性发展为重点，将教育、管理、服务三者融为一体并贯穿于学生工作始终，通过健全的服务系统、规范的服务管理、专业的服务队伍、高效便捷的服务方式，达到学生工作不断适应新形势、新任务、新要求的目的。这种新型的学生工作模式，不仅继承了传统学生工作模式的合理内核，而且从根本上改变了高校学生工作低水平、浅层次、低效率的"管人""管事"的被动运行状态，促进高校学生工作向管理"育人"、服务"育人"的高水平、高层次、高效率的主动状态运行。因此，其意义远非理论创新所能涵盖，而对于高校学生工作的改革和发展具有十分重要地促进作用。

（一）有利于挣脱传统观念的束缚

列宁认为，没有革命的理论，就不会有革命的运动。无可置疑，服务主导型模式的提出，首先是一种观念的更新和理论的突破。这种新型的理念，是对"传统管理型"模式的继承和发展，它从根本上否定了学生工作"被动管理"角色存在的必要性，以及倡导学生工作向"主动服务"转变的必然性。由于在实践中具有很强的针对性和实用性，所以，很容易为广大专、兼职学生工作者所接受，并乐于付诸实践。

（二）有利于激发学生工作者的积极性

服务主导型模式，以服务学生为主导，寓服务于教育、教学和生活之中，推行全员参与的工作模式，并实行全过程的管控，这样的定位，有利于厘清学生工作责权，调动各方面的积极性，尤其是增强学生工作者的责任心和自信心；有利于让学生工作者变被动管理为主动服务，努力提高工作效率，充分发挥工作潜能。

（三）有利于提高学生的参与度

传统学生工作管理模式主要以学生的思想政治工作为重点，以规范学生在校期间行为为中心，以"问题式管理"为依托，被动地进行学生管理工作。传统的学生管理模式，没有显现学生的主体性。服务主导型模式，坚持"以生为本"的理念，以服务学生成长成才为目的，更加注重学生的主体性发展。不仅有利于提高学生自我教育、自我管理、自我服务的意识和水平，而且有利于调动学生参与学生工作管理的主动性和积极性。

（四）有利于提升学生工作水平

高校学生工作服务主导型模式，以"管理是服务"和"教育也是一种服务"作为理论依据，并融学生工作的三大职能（教育、管理、服务）于一体，从而使学生工作与教育教学工

作相得益彰、相互依存和相互促进，这就从根本上改变了高校学生工作低水平、浅层次、低效率的"管人""管事"的被动运行状态，促进了高校学生工作向管理"育人"、服务"育人"的高水平、高层次、高效率的主动状态运行。

三、构建高校学生工作服务主导型模式的设想

目前，高校学生工作服务主导型模式尚处于探索阶段，要推而广之并取得实效，笔者以为还应注意以下问题：

（一）转变思想，正确处理教育、管理、服务三者的辩证关系

教育、管理、服务是高校学生工作的三大职能，三大职能的实现程度决定学生工作的水平。长期以来，我国高校学生工作的主要职能是教育和管理学生，学生工作者为保证学生按照学校的规章制度有序地学习和生活，将自己定位为学生的管理者。导致在处理教育、管理、服务的关系上失衡，形成教育形式刻板、服务意识淡薄的局面，使得学生工作既游离于教育和管理职能，又不能在服务职能的框架内得到有机整合。这就要求学生工作者一方面要认识到，管理就是服务，服务是为了更好的管理。学生是管理的主体，从管理的决策、组织实施到目标实现，都要依靠学生。我们应本着"管理就是服务、服务必须引导"的思想，引导学生进行自我教育、自我管理、自我服务。另一方面要认识到服务和管理在目标上具有相对一致性，服务与管理的目标都是促进学生成人、成才。高校服务主导型学生工作模式改变了"重教育管理，轻服务"的传统观念，将学生的"思想教育""日常管理"和"提供服务"有机地结合起来，牢固树立为学生提供优质服务的意识，把为学生服务当作教育、管理的题中之意，寓教育、管理于服务，在服务中进行教育，在服务中进行管理，同时亦在教育和管理中开展服务。

（二）以人为本，凸显学生的主体地位

高校学生工作作为高校教育的重要组成部分，在对学生的认识上必须树立以学生为主体的观念，把学生看作是一个能动的生命体。充分发挥学生在学生教育管理服务实践中的参与性、主动性和积极性，引导他们自我教育、自我管理、自我服务。高校学生工作者只有充分了解和认识大学生的特性，不断满足学生成长成才所需物质、精神条件，不断激发学生实现自我成长的内在需求，才能促进学生向积极健康的方向发展。"以人为本"，就是在开展学生工作过程中，坚持一切从学生出发，以调动和激发学生的积极性及创造性为手段，进而达到促进学生成长成才的目的。高校学生工作服务主导型模式中的"以人为本"不仅体现在尊重学生、平等对待上，还体现在尊重个性，鼓励学生有创新精神方面。让学生代表参与到学生的教育、管理和服务工作中去，充分尊重和听取广大学生对学风建设、教学改革和学生管理与服务的有益建议，不断调整工作方向和工作重点，进一步切合新时期学生对学生工作的期望和要求。

（三）全员参与，构建健全的服务系统

健全的服务系统是高校服务主导型学生工作模式的绝对保障。高校学生工作在面对新时期下不断变化发展的形式和越来越复杂的事务，除了保证自身教育、管理工作之外，更应该构建一个健全的服务系统，为高校服务主导型的学生工作做有力支撑。首先，整合优化现有资源，提供有效服务。成立由学工部、院系、教务、教学、后勤、保卫、财务、数字化中心等部门代表组成学生事务中心或学生事务咨询中心，提供窗口式服务或窗口式咨询服务，起到解决问题或引导解决问题的作用和目的。一方面有利于简化流程、提高效率，另一方面有利于将学生工作者从烦杂琐事中解脱出来，更大的精力投入学生工作中。其次，加大与教学工作的联系密度，提高德育与智育、教学与服务管理的切合度。教学工作和学生工作是高校育人系统中两个最重要的子系统，前者的主要优势在课内，后者的优势主要在课外，二者理应相辅相成，互为补充，共同促进学生发展。每天协调安排几名教师到学生事务中心轮班或走访，为同学提供学业上的辅导和专业知识的答疑。同时，学生工作者加大与科任老师的联系度，除简单查学生出勤率外，应更多走进课堂，聆听师生对教学管理的需求，尽可能的创造条件或提供服务。

（四）规范过程，提供有效的服务管理

规范的服务管理是服务主导型学生工作的制度支撑。过程管理学派认为，管理是由计划、组织、指挥、协调及控制等职能为要素组成的活动过程。这是由现代管理理论的创始人法国实业家法约尔（Henrl Fmpl）于 1916 年提出的，后经英国管理学家林德尔·厄威克（Lyndall Ubook）和美国管理学家卢瑟·古利克（Luther Gulick）、哈罗德·孔茨（Hard Koonts）等人发展并完善。根据法约尔的管理学思想，管理是一个活动的过程，笔者认为在法约尔的过程管理基础上，高校学生工作的规范服务管理，就是对学生服务的过程讲究规范化，即管理制度的规范化、激励机制的规范化、反馈制度的规范化等。首先，制定科学合理的管理服务制度。在清楚学生需求的前提下，重新制定人性化的管理制度，在此基础上处理好"法""理""情"的相互关系，为学生提供服务。其次，建立有效的激励机制。将学生工作者的工作量化，注重量化结果的同时，多渠道、全方位参考教师、学生、管理者的评价，给予综合评定，并奖优罚劣。第三，建立迅速及时的反馈制度。成立学生工作监督和反馈中心，开辟纸质信箱、电子邮箱、电话、QQ 等多种途径对学生工作者进行批评和鼓励，并组建由老师、学生代表组成的考评小组进行核查处理。

（五）打造品牌，建设专业的服务队伍

高校学生工作队伍一定要走专业化、职业化道路，打造一支专业化、优质化的服务品牌。首先，加强职业化管理。一是树立良好的职业形象。高校学生工作者必须具备有强健的体魄，阳光的心态，成熟的思想及务实的作风。二是树立崇高的职业理想。要有把职业当作事业，把事业融于生命的奉献情怀。不断实现"职业者"到"专业者"，"专业者"到"专家"的

发展。三是强化职业技能。不断加强学生工作者调查研究能力、思想宣传能力和组织协调能力。其次，加强专业化管理。学生工作者必须具备有蛛网式的知识结构体系，有厚实的专业知识以及学习吸收相关知识的能力。学生工作作为一门集教育与管理于一体的职业，需要掌握比较广博的知识、熟练的管理艺术和必要的工作技能。一定的思想政治工作理论、管理学理论、教育学理论、心理学理论以及从事这一职业的相关学科知识是学生管理工作者应当具备的知识结构。第三，加强发展性管理。通过挑选理论素养高、管理能力强、热爱学生和学生工作的人员承担学生工作，并适时组织业务培训、进修或脱职锻炼，不断提高理论水平、加强管理能力，从而达到增强学生工作专业化队伍的稳定性的目的。

（六）搭建平台，提供高效便捷的服务

一个模式能不能适应学生工作的开展，关键要看学生的困难和需求是否能够立即得到解决和响应。服务方式是否高效便捷，是高校学生工作服务主导型模式的试金石。首先，充分利用虚实两个平台。一是学生自主服务平台，充分利用学生党支部、志愿者协会等学生组织，成立学生事务咨询中心，将学生事务公开化、导向化、流程化，不断提高学生工作的针对性和学生的自我教育、自我管理、自我服务的积极性。二是网络服务平台。构建网络学生工作咨询中心，通过电子信箱、在线咨询、QQ等形式，为学生答疑解惑。其次，因人施教，做好针对性服务工作。随着高等教育走向大众化以及社会环境带来的冲击，使大学生的心理产生急剧变化，心理疾病、就业困难、贫困学生等一系列问题给高校学生工作给高校学生工作带来新的挑战。在工作中要注意因人施教，建立针对性强的特殊群体管理、教育、引导平台，如：建立新生服务平台、毕业生就业指导服务平台、大学生心理健康教育服务平台、贫困生服务平台等。

第二节　"放管服"背景下高校服务型财务建设

经济新常态时代的到来，高校财务管理面临新的形势，服务型财务是高校财务管理适应新形势、新变化的趋势。服务型财务具有突出财务人员服务意识、突出财务岗位服务职责、突出财务管理手段革新的特征。以服务型财务为导向，通过构建高校财务服务文化、组织财务服务角色培训、建立高校财务服务规范制度、建立微信财务服务平台等措施，能够深化财务服务思想，扭转财务人员服务态度，提升财务人员服务效率，最终实现高校财务管理的创新发展。

财务工作在高校各项管理工作中处于"不显眼但特别重要"的地位。高校管理事务烦琐，财务管理只是其中一环，并不显眼，但财务工作直接面向全体师生，是展示学校形象的"窗口"，为学校各项工作的开展提供支撑。财务工作不给力，既无法满足师生需求，也无法适应当前高校财务工作的变化。当前，高校财务面临经费量激增、财务工作量空前的压力，提高财务工作质量和财务服务水平迫在眉睫。

服务型财务并非取代财务监管，而是以服务思维促进财务业务流程的优化，提高财务监管的效率和水平，着眼于如何为财务工作对象提供更好的服务。这种崭新的理念能倒逼高校财务人员不断提升自身素质、提高服务水平，利于塑造高校财务部门良好形象，为高校各项工作的开展提供支持。它符合新形势下高校财务管理创新的要求，符合财务本质和财务职能履行的要求。

一、高校服务型财务建设的意义

教育体制改革有力地推动了高等教育的发展，使高等教育呈现欣欣向荣的发展景象。高校的办学规模不断扩大，师资力量日益雄厚。与此同时，高校的办学资金来源也由单纯的财政统一拨款转变为多渠道资金筹措，科研经费、学费收入、信贷资金和各类社会捐赠资金等的融入，使得高校办学资金来源多样而又复杂，给高校财务管理工作带来新挑战。高校财务服务对象包括全校师生及学校其他部门、金融单位、上级主管部门或政府机关等，其中，学校的教职人员和学生是主要服务对象。高校财务部门不但要致力于为全体师生提供高质量的服务，还要为学校各项工作开展和决策落实服务，应对各类纷繁的财务事务。传统的"算工资、报差旅费用、记账簿"的浅层次财务工作方式已无法应对复杂的财务工作形势。对财务人员来说，必须要转变观念，服务型财务为新时期财务人员指明了努力方向和目标，它要求财务人员转变被动服务的工作作风，树立主动服务的思想观念，将为财务工作对象提供满意、放心、舒心的服务作为导向。通过改善财务人员服务态度、优化服务手段，可提高高校财务管理效率，降低高校财务管理风险，构筑和谐财务关系。

二、服务型财务的特征

服务型财务特征明显，它突出财务人员服务意识、财务岗位服务职责和财务管理的手段革新。这是一种融服务与管理为一体的财务管理理念。

（一）突出财务人员服务意识

高校财务部门每天都会发生大量的业务往来，财务人员每天都要和众多师生和其他工作人员打交道，若财务人员态度优劣，关乎办事人员心情，更关乎财务部门形象及学校社会形象。以往财务人员服务意识不强，对财务工作秉着完成了事的态度。服务型财务，要求财务人员树立高度服务意识，不但要完成各项财务工作，还要服务到位，要对财务工作对象进行主动问询、耐心讲解、贴心指导。这种服务意识的强化，体现了对财务对象负责，对学校领导负责、对自身本职工作负责的敬业态度，代表财务人员的做事境界。服务型财务有利于提升高校财务人员素质，塑造财务人员良好的对外形象和口碑。

（二）突出财务岗位服务职责

以往财务工作服务意识不突出，服务理念不深入，财务人员面对前来办理业务的师生和其他人员，会出现"一张冷脸""三言两语"了事的现象，不能极好地履行岗位服务职责。服务型财务充分挖掘《会计基础规范》和财经法规政策中对财会人员职业道德标准、服务水平的要求，将财务工作的核心凝练到"服务"上。突出财务岗位服务职能，它要求财务人员不但要做完本职工作，还要做好财务服务工作，要追求服务的尽善尽美，力争做到"自己尽心，服务对象满意"。

（三）突出财务管理手段革新

服务型财务是以服务为导向的，如何才能提升服务水平，需要提高财务工作效率，简化财务工作中各种烦杂的手续。而这一切对财务管理手段提出了更高要求，财务管理手段必须与时俱进，必须要将财务管理与先进的信息化技术融合，通过信息化、智能化平台的搭建，创新财务工作方式，化繁为简、变人工为自助，实现服务现代化。

三、服务型财务导向下高校财务管理创新路径

以服务型财务为导向进行高校财务管理创新，是为了让高校财务进入主动、贴心、热情、周到、规范、高效服务的新阶段。要达到这样一种财务管理境界，既需要理念渗透，还要有系统的规章制度和考核制度，更要倚重现代信息化技术和互联网技术的优势。

（一）构建高校财务服务文化

财务文化内涵丰富，既包含物质文化、制度文化，还包含精神文化。财务文化的作用在于通过文化引导激发财务人员自觉遵守职业道德操守，自觉遵循规章制度，自觉履行岗位职责的意识。建设服务型财务需在财务文化中融入服务内核，财务工作有其特殊性，工作弹性小且原则性强，工作性质一定程度上影响了财务人员与办事人员的沟通，使得财务工作"人情味"匮乏，财务部门和财务人员被打上"门难进、脸难看"的标签。服务型财务旨在改变财务工作的这种不良局面，力争做到让办事人员"笑进笑出"。因此，在高校财务文化中要融入服务文化，对财务人员进行服务知识、服务态度、服务技能等教育，让财务人员树立自觉主动地服务意识，自觉将人放在财务工作的核心位置，以财务服务于人的思想不断学习充电，提升自身业务素质、思想文化素质，做好各项财务工作。

（二）加强高校财务服务角色培训

高校财务人员的岗位培训过去以技能、职业道德等为重要内容，缺乏服务角色训练。服务型财务对财务人员提出了角色培训的要求，高校财务部门应将服务角色培训融入财会人员的技能培训、职业道德培训中。首先，制定统一的财务服务角色培训课程，对财会人员进行统一岗前培训。在培训中引导财会人员按照角色规范进行仪表训练、语言训练和行为举止训练等，强化他们的沟通能力、协调能力。其次，制定财务人员专业技能培训课程。确立了服务理念和服务意识，还需要专业技能确保服务质量。高校要定期对财会人员进行政策法律培训、会计技术培训、自动化办公培训、财会工具学习培训等。通过财务服务角色培训和财务服务技能培训，可让财务人员明确自己的岗位职能，提升他们的服务技能和服务水平，促使他们积极发挥自身财务监督和财务服务的双重作用，从而显著提升高校财务管理效率。

（三）建立高校财务服务规范制度

要实现高校财务向服务型财务转变，必须要健全财务制度，增加规范财会人员服务流程的相应工作程序和操作制度，以起到制度约束服务行为、改进服务水平的作用。在具体制度制定时，要考虑高校财务工作当前实际、各项财务业务特点，确定一套符合各环节业务处理和高校财务管理要求的完整制度。如财务业务处理规范化流程制度的构建，要考虑到其涉及面广和内容多且细的特点，制定操作制度时，不能主观臆断，要发挥学校领导带头、财务人员积极参与的作用。由他们结合日常财务业务特点，针对不同业务制定相应处理流程，在此基础上形成统一规范化的财务业务处理制度。如构建针对财务审批业务的相应服务制度及流程，针对财务预算业务的相应服务制度及流程，针对会计核算业务的相应服务制度及流程，针对信息查询业务的相应服务制度及流程等。通过将服务流程制度化，可为财务人员的服务行为提供明确方向和规范，提升财务人员服务质量。

（四）建立高校微信财务服务平台

高校服务型财务建设，不仅仅是理念的转变、态度的转变，还应体现在工作方式的转变上，传统的财务服务方式已不能满足高校未来发展管理的需要，服务型财务必须要顺应信息化管理趋势，构筑高校网络财务服务平台，为全校师生们提供自助化、智能化的财务服务，全面提升服务效率。这种由财务部门给高校师生提供服务设施和工具，由高校师生自助操作办理相关财务事宜的现代化财务服务方式，可降低高校财务服务运行成本，避免财务部门拥堵。当前，高校师生群体对微信的使用度较高，高校信息化、网络化财务服务平台建设时，应考虑师生群体对微信的依赖度和微信平台本身强大的功能，可将财务服务与微信平台功能合二为一，提升服务效率和水平。

1. 微信平台与服务型财务的契合性

服务型财务对高校财务人员提出了更高标准的服务要求，但在实际的财务工作中，财务人员存在重复提供财务服务的情况。如针对同一项财务咨询内容，财务人员一天可能要回答无数次，耗费了财务人员大量的时间和精力，降低了服务价值。服务型财务要求高校财务人员提升服务意识和水平，但仅仅靠转变观念并不能完全实现，还需要借助先进的手段来改进服务方式。微信为高校财务向服务型财务转变提供了支撑，将微信公众平台应用到财务服务工作中，可整合财务服务资源，提高财务信息传播的速度和效率，让高校教职工快速获得财务信息。

2. 利用微信构筑高校服务型财务平台

依据高校财务活动特点，高校微信财务服务平台应包含三个方面的服务内容。

（1）高校财务信息查询服务。在微信财务服务平台上设计信息查询模块，信息查询内容主要包括"教职工工资查询""项目经费使用查询""个人税务查询""报账进度查询""暂付款查询""常用信息查询"。财务人员要在教职工工资查询模块输入教职个人工资信息、录入工资应发总额和应扣金额信息、工资发放情况信息、绩效奖励信息等。高校教职工只需要登录微信服务平台,点击信息查询模块,进入教职工工资查询界面,就可以获得相应的信息。在高校项目经费查询模块,财务人员要对项目经费使用状态进行备注,显示不同项目名称、项目当前状态、经费金额。需要获得项目经费使用信息的人员只需要登录点击就可以关注自己参与项目经费的使用情况,了解项目进度,这种便捷的查询服务可为他们科学规划和使用经费提供便利。个人税务查询模块需要财务人员录入教职工在不同年、月个人所得税的所有计税明细,用户登录进入这个界面就可以查询自己的工资总额和应缴纳的个人所得税信息。报账进度查询模块方便报账人及时查询自己的报账进度,省去催问报账进度的烦忧。暂付款查询模块主要录入项目负责人和借款人的借款信息,项目负责人、借款人都可以登录查询具体金额、还款信息等。常用信息模块主要包括对公账户信息、开票信息、劳务税的计算器、个人所得税的计算器等,为高校师生和其他人员提供便捷查询服务。

（2）高校财务业务办理服务。高校财务业务办理主要集中在缴费、报账和劳务申报,以往财务人员为这些业务所累,服务积极性受挫。微信平台的使用可提高这些业务办理的效率,实现自助化办理,对高校财务向服务型财务转变有极为深远的意义。"缴费业务办理"模块针对的是高校学生,学生只需要关注高校的微信公众号,点击财务服务平台就可进入微信缴费业务办理菜单,学生只需要输入用户名和登录密码,就可以进行自助缴费操作,快速完成学费、住宿费等各类费用的缴纳工作。"预约报账"模块主要是对报账信息进行提前收集、确定报账时间,提高财务报账效率。报账人员登录微信预约报账页面阅览报账注意事项等基本信息,然后在微信上填写自己的报账类型、内容、票据信息、报账人基本信息等,并选择相应的报账时间,然后点击确认提交。需要注意的是,为确保各业务模块高效运行,财务人员要做好前期的数据录入存储工作和及时的信息更新工作,为微信平台财务服务功能实现提供保障。

（3）高校财务咨询帮助服务。这一模块可延伸财务服务范围,进一步提升高校财务服务质量。咨询帮助服务模块包括几个子模块,"联系我们"模块。相关人员在使用微信财务服务平台时若遇到问题可点击这一模块,通过该端口提供的各种联系方式,与软件开发者或高校财务部门人员联系,了解软件使用功能、向财务人员要求人工服务等。"业务指南"模块主要针对不同业务微信办理流程和注意事项进行说明,它来源于财务人员在日常业务办理中遇到的常见问题,是财务人员经验和智慧结晶,能够满足用户了解业务办理流程的需求。"财务政策文件"模块主要对最新的财务政策进行更新展示。财务人员要及时了解搜集最新的财务政策信息,并将其发布到微信财务平台上。

服务型财务为高校财务管理创新提出了新方向,不仅要强化财务人员的服务意识渗透、服务态度技能培训,以制度约束财务人员的服务行为,还要善于凭借信息化技术、移动化技术的"东风",提高财务人员利用自助化服务平台为高校师生提供服务的能力。微信财务服务平台可为服务型财务提供有力的技术支撑,高校在服务型财务建设的过程中,要继续加大对微信财务服务平台的应用研究,挖掘微信平台更多功能,将其与财务服务融为一体,提升财务服务效能。

第三节 高校服务型班干部队伍建设

做辅导员工作已接近一年时间，对学生管理方法依然在摸索和探究中。因为日常工作需要，有很多与学生接触的机会，特别是班干部，与他们的相识，更刷新了我对辅导员工作的认识。偶尔有班干部说，"其他班委整天无所事事，怎么感觉就我在忙碌呀""班上没几个人愿意参加活动，没人支持我的工作，怎么办呢"等。这些困惑和问题阻碍了班级开展工作，每当这时，我就会思考班干部队伍该如何定位，该怎样做呢？答案就是服务型班干部队伍。

一、服务型班干部队伍的特点

（一）具有服务意识

在整个班级中，每位学生都有存在的特殊意义，班干部被赋予职责，存在显得格外重要。从关系方面来说，班干部是辅导员开展工作时的助攻，也是普通学生的主心骨，还要上传下达各种任务。不论是管理还是搞活动，班干部的存在价值一定是从服务工作中体现出来的。带着服务意识做工作能够真心实意地为同学着想，能很好地建立辅导员与普通学生之间的纽带关系，更加贴心地服务好同学，进而更好地为班级尽心尽力。

（二）具有奉献精神

在班级中，同学之间相处融洽的前提是相互间理解与包容，懂得奉献懂得付出在无形中将关爱送达对方。成为班干部意味着比别人多了一份责任，需要操心的事情越来越多，凭借无私奉献的力量能攻克遇到的难关。在每一次默默付出的背后，有人为你露出发自内心的微笑，这也许是来自同学的信任。随着群众基础越来越坚实，往后的工作开展必定如鱼得水。

（三）具有自我觉悟

班干部需要有承担责任的觉悟。在工作中有了这种觉悟，会大大降低抱怨和不满出现的频率，且将主要心思放在最大限度地提高工作效率和成效上。在需要有所为的时候，积极主动地为班级、为同学挺身而出，这是身为班干部必备的特点之一。班干部虽然是班级的"领导层"，但在工作中需要弱化权利带来的阶层感，对自身权利的把控算对班干部的一种考验，融入班级才能更好地带领全体同学向前进。

（四）具有微笑意识

班干部遇到棘手的事情无能为力的时候，或工作遭遇失误，后悔莫及的时候，一定苦恼过。首先，要善于控制自身情绪，放轻松，把微笑留给自己。工作中是公式化地宣布指示，还是用略带人情味的沟通，得想清楚，与同学拉近关系班级工作未必有那么难。也把微笑送给同学，和同学一起肩并肩收获成功的喜悦，往往比独乐更让人期待。

二、服务型班干部队伍的管理

（一）需要服务型考核评价

关于班干部队伍的考核评价主要从两个方面考虑：一是适用班级内部管理角度。班干部和同学相处的时间比班主任长，作为班主任管理班级的辅助，具有基本的判断能力，负责班级内部考核评价细则制定的任务完全可行，班主任再给出补充意见，不讲究统一标准，以侧重为班级服务贡献为主，加减分值、个性称号等模式的设计也是不错的选择。尝试以召开班委会议的形式，分组讨论，结合大家的想法确定考核评价涉及的大致内容，基于调动全班积极性的角度出发，根据本班日常学习、生活可能出现的情况，最终形成有效且实用的班级内部考核评价细则。

二是辅导员与班干部队伍对接工作时。辅导员日常事务多而杂，正因为如此，迫切需要优秀的班干部队伍助力，化繁为简，真正让工作有成效。首先设定基础的考核项目，可以从班干部的班级服务指数、工作态度、工作效果、思想表现、学业情况等方面着手，细分具体的子项目。与此同时，以调动班干部更大积极性为目标增设附加选项。形成初步考核内容框架后，在班干部队伍中公开公示，以一学期为试行阶段，及时吸收班干部的意见与反馈，逐步进一步完善考核细则。由于班干部身兼班级事务，班级考核情况可以作为辅导员考核的项目之一，评价方面可以结合自评、班主任评价、同学评价三个模块，并细化各模块，全面考核评价。根据班干部表现给予不同的鼓励，工作主动热情、表现优秀、为班级奉献的班干部需要得到恰当的赞扬和荣誉。若工作表现平平、仍然努力的班干部需要给予更多的鼓舞和指导，帮助他们提高自身能力，超越以往的自己。面对工作懈怠、积极性差、错误百出的班干部，是时候和他们谈谈了。

（二）提出服务型工作要求

初任班干部的学生对工作会理不清头绪，辅导员可以为他们划清具体的分界线，"从学习、工作、生活上严格要求班干部"。一是班干部自身方面。首先，在学习中服务同学。在高校，学生自由支配的时间有很多，班干部要认真利用。需要打磨专业知识，以各类专业证书为目标合理分配自己的时间，在能力范围内主动帮助落后同学一起进步。其次，在自律中服务同学。懂得有节制生活，生活作息有规律，有较强的自理能力是基本要求。班干部分享自身的好习惯，主动提醒舍友纠正不良习惯，一起为提高宿舍生活质量努力。遇到不顺心的事情，用理性思维把握事情的脉络，更有助于解决问题。第三，在奉献中服务同学。班干部队伍要树立正确的服务观念，保持做好服务的心态，不论自己在做什么，不改初衷，始终为他人着想。在任何时刻，自己的得失少计较一些，别人的诉求多关注一些，才是班干部队伍该有的样子。

二是工作方面。首先，在人际关系中做好服务。面对普通同学时，班干部队伍需要卸下自己的身份，用平等的方式与之对话，仔细倾听同学的心事，才能真正做好服务工作。当其他班干部有需要的时候，伸出援手，互相鼓励，互相配合。服务工作真正需要的不是一个优秀的班干部，而是一个以服务为目标的班干部队伍。在各种任务面前，班干部队伍要拿出合格的工作状态，以百分百的工作热情做出让同学满意的服务工作。其次，在活动安排中做好服务。做活动动员时，班干部要考虑给同学提供怎样的服务，或者选择适合同学的参与方式。在落实工作的时候，周到细致才是服务工作的精髓。

（三）强化服务型工作意识

首先，树立服务理念。班干部就像志愿服务工作者，因为无任何报酬。班干部类似项目负责人，因为要肩负责任。在班干部任命初期，要从观念上强化服务两个字。有时候，班干部忙前忙后却得不到同学的支持。这时候，班干部在工作上要保持足够的冷静，从以完成工作任务为目标转化为向班级和同学提供服务，将工作理解为服务，将工作内容理解为服务项目，要明确自己需要服务的对象和服务的内容。比如同学 A 需要补办学生证，同学 A 作为服务对象，班干部只知道补办学生证的地点是完全不够的，最好能熟悉补办学生证需要带哪些材料，是否有具体的时间要求，新办的学生证如何完成补注册，原学生证是否办理得了火车优惠卡等信息，了解得越详细，工作才能更得人心。

其次，宣传服务意识。为了让更多的班干部能够成长起来，寻找适合"服务型班干部队伍打造的土壤"是非常关键的。班干部队伍来源于班级，每个班级可以成就班干部。班干部的工作基础就是班级同学，他们是班干部队伍最大的后援团。我们需要在班级中做好服务意识的宣传工作，让所有同学都了解到班干部工作的服务型特质，既能拉近班干部队伍与普通学生的关系，又能深化班干部队伍的工作基础，增强班干部队伍的工作信心。另外，在线宣传也是不错的选择，在班级 QQ 群、公众号等网络平台上发布实时动态，利用身边的好人好事做好模范效应，开阔同学的视野，丰富大家的校园文化生活。

三、服务型班干部队伍的培养

（一）培养服务型思想意识

从协助班主任管理班级到用心为班级服务，每个方面都对班干部队伍有着更加严格的要求，需要从"心"开始，从思想意识上做好调整。建设具备服务意识的班干部队伍要以为班级、同学做实事为出发点，建议关注以下三个方面：

有关怀他人之心。在工作中，班干部需要面对不同的服务对象，熟悉的，陌生的，都有可能，如何让对方体会到你的关心，如何沟通才有效果呢？这时班干部可以假设自己是被服务的对象，希望用什么方式交流，也许每次的假设不一定能成功，但是多试几次总会找到最适合的那一种。实在不知道该如何沟通的时候试着了解对方。平时与同学之间接触的机会很多，这些也是了解同学的重要瞬间，用心观察就会有所收获。比如给别人带午饭的时候或许能知道对方喜欢与讨厌的食物。有的时候站在对方的立场把问题重新想一想，理解对方的难处，放宽自己的心态，发现一切又是美好的。

有思考周全之心。班干部队伍要做到全方位了解工作，全身心投入工作，甚至每一个细节。能否考虑周全还要看是否知道工作中需要做些什么。比如校运动会不仅有参赛运动员，还有班级后勤人员，班干部有很多需要提前考虑的问题，谁负责写通信稿，谁负责大本营的卫生，谁负责桌子、椅子的搬运，或者谁搀扶参加完长跑的运动员等。班干部在传达任务后要继续跟踪，做好应对所有突发事件的心理准备和第二套方案，当事情告一段落及时总结、反思，甚至认真回顾每个细枝末节的部分。就算有失误也不怕，每一次失误就是很好的经验，提醒我们工作中必要的注意事项。

有无怨无悔之心。从加入班干部队伍的那一刻起，就要明白什么是责任。因为这份责任，班干部要付出超出他人的努力和时间。因为责任，你会成为那个最后一个离开教室的人。因为责任，要为解决同学们的各种麻烦绞尽脑汁。同时，因为责任，发现大家都愿意成为你的好朋友，和你说说心里话。因为责任，会找到一些志同道合的人，愿意和你同甘共苦，快乐就可以这样，很简单。

（二）选择服务型工作方法

世界上应该没有万能药，更没有一劳永逸的方法可以解决所有问题。说到工作方法，有一种一定适合大家，"用心思考，用心讲话，用心做事"，这是温家宝同志分享给我们的。关于工作方法，还是看每个人的工作状态和想法，在这里略微提三点意见：

班干部要守住初心。班干部要多问问自己能做什么，如何去做，而不是能获得什么。有班干部问过"做这个有什么好处啊"，听到之后很惊讶。也有班干部问"我不懂要做什么"，感觉有点迷茫的样子。班干部工作没有固定的时间，可能从早到晚都处于工作状态。如果班干部迷失了方向，服务工作还能正常运转吗？

班干部要提高服务能力。有为班级同学服务的意识，未必就能很好地执行，因为不知道什么才是服务。给班干部队伍尽可能提供多种培训渠道，可以从服务理念、服务要求、服务内容等不同项目考虑，组织班干部队伍进行多次理论学习，通过各种案例分析，交流研讨具体作战方案，掌握基础的服务能力。或以学院为单位组织班干部服务工作技能大赛，借助各种模拟场景演练，提高实战经验。开展班级同学座谈会，大家一起分享服务工作的经验，共同进步。辅导员需要给予班干部队伍必要的指引，因为不熟悉难免出现大错小错。但是，不能将服务的意思扭曲理解。班级同学不应该借着服务的东风对着班干部大呼小叫。同样，班干部不是保姆更不是保镖，在这一刻理解万岁。

班干部要学会释放压力。生活离不开烦恼，看过这样的一问一答，"—你有烦恼吗？—有。—你能解决吗？—不能。—那你担心啥"。这是非常有意思的一种表达，心态不同人生境遇也会有差别。有次去学生宿舍，正赶上因宿舍卫生闹矛盾，值日生不配合不打扫，寝室长也没办法。谁也不能保证所有学生是一个样，会有闹情绪、不合作的情况，这时候班干部特别让人心疼。服务工作出现不顺心的事情，也不必心怀不满，更不能因此就放弃，换种心态，世界还是充满阳光。此外，辅导员要及时关注是否出现负面情绪，倾听班干部的心声。学校心理团队里有专业的心理老师陪伴着大家，为班干部队伍提供坚实的后盾。

（三）重视服务型工作过程

有的班干部认为给同学传达任务就行了，其实只是一个环节而已。学院曾组织学生参加了心理健康教育主题活动，每个班需要配合完成相应的任务，就召集各班负责人开会。有的班干部是带着方案出席的，有的班干部两手空空，一脸呆萌。问为什么没有方案呢，因为不知道要做什么，只听说开会。从班级到学院再到学校，每学期都有数不清的活动，没有完整的策划和安排必定是乱七八糟的。

班干部要主动积累经验，"现在你能做到极致的工作，你能做到优秀的特质，将来大致可以依靠这个优势安身立命"。以主题班会活动为例说明，组织一次活动必须考虑活动宣传、活动开展、活动总结三个方面，如何在三个阶段做好服务工作呢？一定是复杂的。在宣传阶段，班干部动员同学积极参与到班会活动中，要出一套实际操作性强的主题班会策划案。此时不是纠结主题班会的形式，而是确定总指挥和负责人，由谁负责主题班会策划案，要不要制作PPT，谁负责操作PPT。谁负责安排同学们排练，还要审核主题班会的每个环节是否与节目相融合，活动现场的桌椅摆放和卫生情况又该怎么办。这些负责项目是在活动正式开展之前，就需要解决的，也许还不止这些，一次主题班会的成功实现没有想象中那么简单，任何环节都需要班干部花心思去安排、去解决。真正参与活动，重视自己的工作，班干部才能学会什么是服务，体会什么是工作。

班干部队伍建设有着一条漫长的道路在等着我们，不论前路如何，只管脚踏实地地走路，莫因急进而不堪重负，看看身边的风景，我们一起在过程中学习成长，学会服务同学。

第四节　高校服务市场的开放与规范管理

由于高校后勤体制和运行机制上存在如：保留后勤计划行政体制、自办后勤、垄断经营；承载高等教育的公益原则与企业利益最大化的逐利法则等诸多不适应，致使高校开放服务市场与市场经营的规范管理无法融合，使改革进程受到迟滞和阻碍，本节对高校后勤社会化发展中存在的问题分析研究，并提出新的改进设想、措施，以期高校后勤社会化改革稳步发展并取得创新成果。

一、对开放高校服务市场再认识

1999年国家教育部首次出台了高校后勤社会化改革的实践方案，距今已十八年，期间举行了四次全国性会议，轰轰烈烈推进高校后勤社会化改革，改革的实践使全国高校在利用社会优质企业进校服务，实现保障资源的优化配置，高校获益巨大。今天我们回顾这项改革的发展历程，是为了让高校的改革者们统一认识，明确目标和方向，不忘初心，坚定信念不动摇。社会化改革的主要目的：就是使高校摆脱自办社会的负担，从而使高校可以专心致志抓教学科研，同时降低后勤运行成本，并获得更好的后勤保障；基本思路和最终目标：通过管理体制和运行机制的转变，逐步取消高校办后勤的职能，建立起校内后勤服务市场，并融入国家统一市场体系中，利用市场机制作用实现后勤资源的优化配置。最终目标是建立起"市场提供服务，学校自主选择，政府宏观调控，行业自律管理，职能部门监管"的新型高校后勤保障体系；主要任务：是建立新型高校后勤保障体系，关键是改革后勤体制和运行机制，核心是使市场机制在后勤资源配置中充分发挥作用。

二、高校开放服务市场与高校规范管理之间存在的冲突

高校后勤社会化改革促使高校校园环境的社会化，使我国的高校后勤体制从单一封闭的自办小社会模式，逐步转变为全方位、多功能、开放型社会办后勤的模式，社会服务企业进驻校园，无疑使校园内的经济活力骤增，市场的开放促进后勤提升保障的措施得以实现，高校的市场已成为调整后勤资源配置的杠杆。但是我们应该看到，由于高校后勤社会化改革的发展势头迅猛，市场开放的力度之大，使得高校原有的体制和机制不适应市场化改革的需要，封闭的环境和自办后勤、垄断经营的行政管理模式，对现在高校后勤管理方面出现的问题显得苍白无力，没能从根本上得到解决，在市场化改革条件下的规范管理与迅速膨胀的社会化经营产生冲突。社会化的服务就是市场经济体制下的经营活动，其目的是要追求效益、要开源扩张、要使利益最大化；而规范管理是对迅速扩张的经营活动加以风险管控，要节流控制成本、追求效率。因此，高校在开放服务市场的同时要制定好相应配套政策、制度，要有掌握"驾驭"市场的风险管控能力，从招标、签约准入、监管以及提供适宜的经营环境等方面，都需要高校认真研究并加以解决。

三、高校后勤社会化改革中管理制度建设上的舍弃与创新

当前全国高校都在深入学习贯彻党的十八大精神，我党的十八大报告将"深化教育领域综合改革"列为我国教育改革发展的六项具体任务之一，并将其作为"着力提高教育质量，培养学生社会责任感、创新精神、实践能力"的前提，表明发展是目的，改革是动力，以改革促发展，不仅是我国改革开放30多年来教育发展的宝贵经验，而且是继续推动教育发展和创新的客观要求。坚持改革不动摇，进一步深化教育领域综合改革，不断消除制约教育发展和创新的体制机制障碍。新的历史时期，高校后勤社会化改革要引领开放的服务市场进入相对适宜体制与机制环境下规范管理，高校应对制约市场化进程的相关制度、规范进行改革，对于触及"公益原则"的行政措施和制度条款加以改革，我们的出发点是，顺应社会主义市场经济发展的制度规范优先确立，限制和阻碍市场化发展的制度规范予以舍弃。综观高校后勤社会化改革发展过程所产生的阻碍和问题，究其原因，很大一部分就在于高校后勤管理体制和运行机制不适应市场经济发展的要求，高校的职能部门扼守高等教育姓"教"的理念，公益性原则存在排斥市场运作基本法则的因素，所推行的管理规范对开放服务市场与逐渐扩张的市场经营给予限制，对以往垄断式的经营和封闭自办后勤的模式抱有推陈出新的改良思想。正是因为这些保守的管理准则及思想仍能左右着高校政策制定者思维，已经给我国高校的后勤社会化改革发展进程造成了阻滞。举实例说明，高校为提升学生餐饮质量，很多家对

进驻学生食堂的餐饮企业加强管理，为保障广大师生的公益性权益，对基本大伙供餐的菜肴实行"限价"管控政策，即：大荤菜肴（150 克）不得超 4 元；中荤菜肴（150 克）3-2 元；经济菜肴（150 克）不得超 1 元。限价制度最大程度上看试保障了广大师生的基本权益，实现公益性原则，但这一措施的执行是将社会化餐饮企业逼上了"绝境"，"限价令"是教育行政职能部门 2007 年对高校提出的社会化改革的配套措施，高校后勤管理机构严格扼守这一"刚性制度"，2007-2016 年 10 年间江苏地区的 GDP 已经翻二番，肉、禽、蛋、蔬菜类副食品的成本价格也相应上涨了数倍。社会化的餐饮企业如果遵守基本大伙的限价销售政策，肯定是亏损经营。为此餐饮企业只能在菜肴原材料配置上做文章，排骨、五花肉（三层以上）、鲫鱼（五两以上）等不见踪影，取而代之的鸡肋、鸡腿（肉鸡类）、猪前腿肉、奶脯肉等相对廉价材质作为烹饪菜肴，充实在学生食堂的销售台上，经济菜肴也只有炒白菜、炒包菜、烧豆腐之类，长此以往，高校倡导的对青年学生提供优质餐饮保障措施也只是徒有虚名。这一案例提醒我们，高校后勤的规范管理要顺应市场经济发展的客观规律，对阻碍和限制市场经济发展的规范、制度要加以舍弃，高校后勤管理职能部门可依据实际的市场物价标准，责成餐饮企业核定菜肴的生产成本，实事求是地制定民生所欢迎且需要营养菜肴的售价，哪怕是突破"限价令"的制约，丰富高校学生餐饮品种供需要求和餐饮质量的提升。这样的改革，不仅是对高校公益性原则的维护，而且对高校后勤社会化改革的稳步发展做出创新且有益的探索与实践。

四、对开放高校服务市场必须建立相适应的管理规范的设想

解读国家教育部确立的高校后勤社会化改革的行动规划，不难看出，开放校内后勤服务市场，并在市场机制作用下实现后勤资源在全社会范围内的优化配置；剥离高校自己办后勤的职能，使高校后勤服务自觉融入社会化的经营服务体系之中；克服垄断经营的运行模式和简单化的开放市场，高校对开放的后勤服务市场赋有监督和管理职能，避免监管上的越位、不规范，防控风险的产生。我们要充分认识到高校后勤社会化不同于一般的社会化，高校是社会经济中的特殊群体，国家赋予高校承载公益性原则教书育人，当高校后勤社会化进程中开放市场后的经营扩张、逐利效益的呈现，迫使高校管理者要明确高校的教育属性，在遵循社会主义市场经济发展规律的同时兼顾高等教育规律，并以此制定与开放市场相适应的管理法则，这是高校管理者必须解决的问题。

（一）遵循政府主导、依托市场价值规律、高校响应联动的改革机制

高校后勤社会化改革发展至今，政府在政策引领上的主导作用极为重要，教育行政职能部门在当前市场化改革呈现实践和调整过渡阶段，一定要加强政策引领、宏观控制、正确导向、积极推进，因为《中共中央关于完善社会主义市场经济体制若干问题的决定》明确指出"建设全国统一市场"的要求，我国高等院校市场化改革目标的最终模式是统一在新型后勤保障体系之下。高等教育是国家的事业，没有政府的政策引领，各高校的后勤社会化改革将被迟滞。所以高校应遵循国家教育行政的总体规划，积极响应和推进改革步骤，尽早实现"市场提供服务、学校自主选择，在市场机制作用下，实现后勤资源在全社会范围内的优化配置"。

（二）加强监督机制的建立、确保高校开放的服务市场依规有序发展

没有监督就是没规则，对高校后勤社会化没有完善配套的监督机制就等于将高校社会化改革和开放的市场经济置于毁灭境地，改革的实践告诉我们，高校后勤搞垄断经营不利于资源的优化配置，简单开放市场易导致市场经营的不规范行为，高校要对开放的市场有规范的管理，这种"规范"不仅是需要高校后勤在充分遵循以高等教育存在为前提，后勤的活动受高等教育规律的制约，并决定着高校后勤服务内容。而且高校后勤的社会化改革是依据市场经济规律充分调动高校内部的人、财、物力，通过资源的优化配置，提升高校后勤的服务质量，实现高校后勤体制和机制的根本转变，所以规范管理的建设原则是要以把握教育规律和市场价值规律相结合，引导开放的市场经营有序发展，并促进社会化经济服务实体也能以高等教育公益性原则实现教书育人的宗旨，达到双赢的共同目标的实现。高校后勤的行政机构需要在实践中不断完善行政执法力度措施，这种执法就是监督机制的建立和监管措施适应开放的市场经营，只有监督机制符合市场经济的客观规律，才能更好地促进改革的顺利进行。为此高校必须建立和完善行政执法、行业自律、舆论监督、群众参与相结合的后勤服务市场监管体系。

（三）建立高校后勤体系成本核算和财务管理的规范

我国高校后勤管理运作体系中，其资产的获取，是通过国家拨款或利用学校提供的非经营性资产而来的，后勤对这些资产的使用和消耗不同于企业，没有增值保值的成本核算意识，不计提折旧。造成高校后勤资产使用上的不注重成本，成本核算不真实，而且是占用了学校大量资产的无偿使用，在高校后勤社会化改革进程中，原有的固定资产由于未能厘清产权关系，造成学校、后勤实体与社会化企业均在不明晰状态下共同使用，利益主体不清，使高校后勤社会化改革中服务价格与市场经营不能依规接轨。资金控制不到位状况严重，高校在开放市场后，资金的管控上受多方因素的影响和制约，造成资金投向缺乏科学规划和有效的财务分析的监管，甚至出现重复投资和滥用资金的现状。因此高校在开放服务市场的同时要对后勤资金的拨改付方式加强制度监督和规范管理，必须将建立高校后勤社会化改革后的新财务管理、将成本核算的制度融入企业管理的"保值增值"措施之中，以此创造经济效益。

（四）社会化改革需坚持"主体多元""事企分开""管办分离"的管理规范

推进高校后勤社会化、市场化配套管理规范和监管措施，要充分利用市场机制，引进社会资源并将其作为推进高校后勤服务的抓手，按市场规律办事。高校行政、监管机构要不断寻求与市场经济接轨管理方法措施，不但要重视并将现代信息技术、智能化技术融入生产、服务、管理中，同时必须将后勤服务精细化、标准化的质量体系纳入到科学监管的规范管理范畴之中，因此对高校内部的后勤保障服务的工作，仍需坚持后勤行政监管机构的主体引领作用，同时对社会企业、校内后勤服务实体要赋予明确的责、权、利，尊重非公益经营机构逐利获益权。主体机构对开放的服务市场配置健全的企业准入制度、营造较为公平市场竞争环境和完善的监督考核规范，并以甲方形式参与全程监督和风险管控。服务性企业或后勤实体当以自身专业特色为高校后勤事务提供良好的保障服务，实现"社会办高校后勤"局面。高校在确立主体多元的大格局下，对管理规范上要秉承"事企分开""管办分离"的原则，防止社会化改革重回封闭自办后勤、垄断经营的行政化的老路。

第五节　高校服务型教学管理体系的摸索和构建

高校代表国家高等教育最高水平，承担着培养人才和发展科技的职能，《面向 21 世纪教育振兴计划》的出台拉开我国高校扩招帷幕，使得高校教学管理形势发生日新月异的变化。本节对知识经济时代高校教学管理体系进行研究，分析构建"服务型"教学管理体系的必要性和重要性，为深化高校内部管理体制改革提供借鉴范式。

一、高校现行教学管理体系的弊端

科学的教学管理体系是高校培养人才，提高科研能力和行政管理质量的关键，相较于政府机构和企事业单位垂直型的管理模式，高校管理模式兼具垂直型和扁平化特征，教学管理体系需要与管理模式和现代大学制度相匹配。目前高校实行的教学管理体系出现行政化、僵硬化趋势，存在教学管理观念滞后，教学管理过程过于刻板，长期忽视教学管理评价等问题，使得教学管理工作与高校改革需求脱轨，教学秩序和教学质量无法保障。一方面，高校并未结合自身定位和建设目标制定完善的规章制度，责任界限模糊，教学监控系统运行不良，教学管理工作仍以学校和教师为中心，缺少尊重学生主体地位的柔性管理，导致学生对教学管理工作的认可度和配合度不高。另一方面，部分高校在设置教学管理部门时过度重视垂直化管理，教务人员受限于繁杂的条条框框，缺乏灵活机动的弹性变通，基层教师的优势和特长难以体现，教学管理质量无法提升。高校现行教学管理体系的行政化趋势增加了高校内部层级隔阂，教学基本建设、教学研究、教学质量等具体事项管理方法严重落后，大量教学资源浪费，遏制高校转型发展。

二、高校构建服务型教学管理体系的重要性

教学管理体系的转变意味着管理理念和管理手段的创新，教育部于 1999 年出台《面向 21 世纪教育振兴行动计划》以来，高校扩招成为常态，高考录取人数从 1998 年的 67 万人骤增至 2015 年的 700 万人。扩招使更多学生拥有接受高等教育的机会，意味着高校在校人数急剧增加，教学管理工作的复杂性和不确定性上升。构建服务型教学管理体系是对现有教学管理体系的改革和重塑，结合高校教育和科研价值形成以人为本的管理环境，在维持正常教学秩序的基础上发掘优质教学资源，推动高校自我建设。教学管理体系创新有助于消除阻碍高校发展的内部因素，革除教学管理工作的行政化弊端，激活基层教务人员和学生的参与积极性，培养学生对母校的认同和信任。教学管理是践行教学工作计划，培养高素质创新型人才的前提，

以服务为导向重构教学管理体系能够解决高校组织机构的集权问题，发挥教学管理对科研的辅助作用，提高整体教学质量。

三、关于高校构建服务型教学管理体系的建议

树立学生本位的人本管理观念。教学是高校工作中心，学生是高校核心价值的承载者，高校各组织机构不仅扮演管理者的角色，更承担着引导者和服务者的角色。推动高校教学管理从重视规范约束的管理型向注重沟通调解的服务型发展，首要步骤是树立学生本位的人本管理观念，学生是一切工作的出发点和落脚点，关心学生的心理健康，协助学生解决学习和生活问题，为学生提供全方位指导和服务。以人为本是高校教学管理的核心理念，教务人员需要树立服务意识，以"疏"替"堵"，理顺学生与学生、学生与教师的关系，用学生能够接收的方式执行教学管理任务。权为学生所用、利为学生所谋、情为学生所系是高校改革教学管理体系的必要思想基础。

优化教学管理规章制度。健全的规章制度是教学管理工作的依据，我国高校虽然重视规章制度的制定，但科学化、规范化程度不高，过于冗余琐碎的内容反而限制教务人员发挥空间，影响高校内部活力。服务型教学管理体系的特征在于教学管理工作崇尚人性和个性，注重激发学生兴趣，对此高校应组织教学管理改革小组，删除责任重复的条条框框，填补规划真空区域，形成制度化的教学质量监控机制。规章制度既发挥制约作用，也具有引导功能，优化教学管理规章制度的重点是增强相关章程弹性，给予基层教务人员充分的能动性，便于落实各项教务决策。针对部分高校忽视学生信息反馈和教学质量评价的问题，建议其制定教学质量保障规范，完善教学评价的环节和方法，确保一系列教学管理工作合理有节、长效有序。

建设服务型教学管理队伍。教学管理队伍的培养和建设影响着高校教学管理体系的改革质量，教务人员层级区分明显、政治思想素质不佳等问题消解了教学管理队伍自我改革动力，对此高校应重视教学管理队伍的教育建设。一是调整考核机制，从工作能力和工作态度两方面出发对教务人员进行全面评价，实行考核成绩与绩效奖金、职称评聘挂钩的激励方案，鼓励教务人员探索新颖柔和的管理方式。二是定期开展专业培训和理论教育，组织教务人员学习中国特色社会主义理论，提高政治觉悟，在教学管理工作中激发潜能以提升效率和质量。

高校需要在长期摸索和实践中构建服务型教学管理体系，为顺应新时期高校发展需要，应树立人本管理理念，健全教学管理规章制度，建设服务型教学管理队伍，使高校教学管理彰显人文光辉和时代价值。

第六节 高校服务乡村振兴战略的路径和对策

三农问题是关系国计民生的根本性问题，如何解决好"三农"问题始终是全党工作的重中之重。为此，党的十九大做出了"实施乡村振兴战略"的重大决策，中央农村工作会议上对贯彻落实这一重大决策做出了具体部署。高等教育作为全面建成小康社会不可或缺的重要组成部分，必然要与国家的战略需要、与经济社会的发展相适应，着重培养国家需要的人才，侧重研发地方经济社会发展需要的技术。

一、高校服务乡村振兴战略的意义

有助于乡村振兴战略的成功实施。《中共中央国务院关于实施乡村振兴战略的意见》中提出：各行各业要结合自身特点，发挥各自优势，积极参与支持乡村振兴战略。作为一项国家战略，乡村振兴是当前我国经济发展中的重大任务。高等院校作为农业人才的培养基地、农业科技的研发源头，在农业科技人才培养、农业高新技术创新和推广、农民技能培训、农村治理体系完善等方面有着天然的优势。通过积极参与乡村振兴战略，必将对推动农业经济发展、促进农民增产增收、改善农村整体面貌产生直接的推动作用。

有利于高等院校的可持续发展。高校承担着满足科技支撑、人才培养和社会服务等需求的重要责任。长期以来，我国的高校受到各种因素的影响，偏重于人才培养和科学研究，而忽视了服务社会这一重要职能。这一现象的直接后果是所培养的人才和所获得的科研成果与社会实际需求脱节，在一定程度上使得自身的发展受到限制，不利于高校的健康发展。乡村振兴可以成为高校摆脱这一限制的有效突破点，通过主动参与服务乡村振兴，将人才培养、科学研究和社会服务统一到振兴乡村的实践中来，将极大地促进高等院校整合优势资源，发挥自身特色。同时，也能在获得政府经费支持、拓宽毕业生就业渠道等方面获得直接的益处。

二、高校服务乡村振兴战略的现状

观念落后。不少高校在服务乡村振兴战略方面，存在着观念落后的问题。有的高校没有深刻认识到服务乡村振兴的重要意义，将教书育人、科学研究与服务乡村割裂开来，认为服务乡村振兴将会影响教学和科研工作；有的高校将经济效益摆在首位，进而不屑于开展服务乡村工作。由于乡村地区往往是经济发展欠发达地区，高校在开展服务乡村振兴时，能得到的经济回报相对于其他地区要少很多，这就影响了一部分服务人员的工作积极性；还有一部分高校教师存在盲目自满的思想，认为去经济欠发达的农村地区进行社会服务是自降身份、自找苦吃。由于上述种种错误观念的存在，使得很多高校在发展过程中对自身服务乡村的优势缺乏正确的认识，对服务乡村振兴战略缺乏整体设计和规划，从而制约了服务乡村振兴战略的有效开展。

机制不完善。很多高校服务乡村振兴战略的工作机制还有待进一步健全和完善。比如，没有建立相应的服务管理机构，更没有配备相关管理人员指导服务工作的开展。很多乡村振兴服务活动都是由各院系自发开展的，缺乏整体设计与管理，这种无序发展的状态大大影响了服务活动的效果和力度，也不利于相关服务人员工作积极性的发挥。再比如，很多高校的教师考核评价体系中，对于参与社会服务尤其是到偏远农村地区开展社会服务没有相应的激励倾斜政策，在教师的职称、职务晋升、收入分配等体系中也没有体现出涉农服务应有的分量，在一定程度上挫伤了高校科研人员主动投身服务乡村振兴战略实践的积极性。

内容和形式单一。当前，我国高校服务乡村振兴的内容和形式有了很大完善，但是相比于国外发达国家而言，还存在着较大的差距。以学生社团为载体的爱心支教、文化服务等活动构成了服务工作的主体，而由教授、学者为主导的信息咨询、项目规划、技术指导等直接服务于乡村振兴的服务形式和内容较少。随着农村经济、社会的进一步发展，对高校的社会服务活动有了更多的需求，尤其是在公共设施建设、农业生产技术、农民教育培训等领域，迫切需要广大高校的技术支持和社会服务。

农村基层就业率偏低。高等院校是农村现代化和乡村振兴的人才培养基地，但是长期以来，由于"轻农"观念的存在，大学生赴农村基层就业的比例始终偏低，甚至很多农业专业的毕业生也对去农村就业有认识上的误区，加上农村地区低下的生产力水平、落后的经济文化环境和人事、社会保障制度，使得农业人才流失率居高不下，在推高人才培养成本的同时，也不利于农业科技的发展和"三农"问题的解决。

三、高校服务乡村振兴战略的途径

开展乡村振兴理论研究。高校是区域经济发展的智库，是乡村振兴人才培养的重要输出地。尤其是高等教育大发展的时代，我国高校的整体实力有了明显的提升，学科门类齐全、师资力量雄厚，科研能力增强，完全能够承担起乡村振兴理论研究的重任。当前，土地制度改革政策体系、农业三产融合发展的路径、城乡融合发展的乡村治理体系等方面的理论研究是乡村振兴战略研究中的重点，高校可以发挥自身的科研优势，着重从以上方面开展研究。

开展乡村振兴实践指导。乡村振兴的成功实践是一个系统工程，关键在于科学技术。高校具有发展科学、研究技术的天然属性，可以更为直观、准确地认识乡村振兴过程中的科技需求，从而提供直接的技术指导和服务。当前，高校可以在精准扶贫攻坚、传承与保护农耕文化、培育乡村振兴产教融合实践基地、开展三农领域创新创业等方面有所作为，更好地发挥高校在乡村振兴实践中的指导功能。

开展乡村振兴人才培养。人才尤其是高技能专门人才是乡村振兴事业成功的决定性因素，也是有效解决三农问题的关键所在。实现乡村振兴战略目标的核心与关键在于拥有大批优秀乡村人才。高校最基本的职责是培养人才，在乡村振兴的背景下，如何培养出更多、更符合需求的农业人才，并引导人才以各种形式服务农村、服务乡村振兴，是摆在我国高校面前的一大课题。高校应立足于区域乡村振兴发展实际，一方面，负责乡村振兴发展专业人才的培养和输出，另一方面，开展三农发展和农民素质提升培训，打造出一支懂业务、有情怀的"三农"工作队伍，为我国乡村振兴事业提供源源不竭的人才支撑。

四、高校服务乡村振兴战略的具体对策

找准定位，树立正确的人才培养观。高等院校要在乡村振兴的宏伟蓝图中准确定位，做强优势、突出特色，切实提高自身服务乡村振兴和区域经济社会发展的水平。高校的办学定位应基于自身发展历史、性质、专业设置等基本情况，并结合区域发展特点和需求，办出优质、富有特色的涉农专业，培养出更多受行业认可、具有良好适应性的乡村振兴人才。

高校要树立乡村振兴人才培养观，并以此为基础，构建科学合理的专业课程体系，尤其是当前很多高校大学生对乡村振兴缺乏认识，可以考虑在课程体系中加入新农村体验课程，切实解决课程设置碎片化、理论化倾向。要多与三农领域的行业专家沟通，对课程体系的设置进行科学论证，向课程要质量、向实践要效果。同时，也要对教学方法进行根本变革，针对服务乡村振兴的实际问题，采用项目式教学、案例教学、现场教学等形式，激发学生的思维能动性，实现理论与实际的有机结合，真正培养出一批懂农村、爱农业、爱农民的三农人才。

改革招生和就业政策。

面向农村基层招收职业农民大学生。新型职业农民的培育，需要地方高校积极主动参与才能有效提升他们的实用能力素质。高等院校可以通过招生改革，面向农村基层，直接招收职业农民大学生，既可以缓解当前农村地区劳动力素质不高的现状，也可以解决高校的生源问题。通过招收职业农民大学生，提升农民的科学文化素质，以掌握农业生产技术和营销知识为培养目标，并通过农民大学生的示范带动作用，以点带面，促进当地的农业经济发展水平。当然，针对这些特殊的学生，要采取特殊的课程设置和教学管理模式，适当降低专业基础课难度，增加农产品经营与管理新技术、新成果、新趋势方面的课程内容。

引导毕业生去农村地区就业、创业。当前，高校培养的毕业生选择去农村地区就业的学生占比很低，这虽然有着社会、经济、文化等多方面的因素，但长期以来，高校在引导毕业生投身农村地区和农业领域就业方面宣传不够、力度不强，也是导致这一现象产生的重要原因。乡村振兴的大背景下，高等院校一方面要大力宣传国家的政策导向和战略部署，帮助毕业生认清就业形势，端正就业观念，将个人理想与国家需要结合起来，尤其要对在农村地区就业、创业取得成功的典型人物和事迹进行大力宣传，用榜样的力量来鼓舞更多的大学生去农村就业、创业；另一方面，要制定配套的就业鼓励政策和优惠措施，让大学生无后顾之忧地投身农村，在更加广阔的空间里去实现更大的理想抱负。

健全和完善相关工作机制。

动力机制。高校要充分认识到服务农村、服务乡村振兴是自身发展的必然选择，而教学科研人员是开展服务活动的主体，必须建立完善的动力机制，激发相关人员的潜在动能。高校要切实加大投入，从时间、经费、信息等方面给予教学科研人员充分的保障；要科学设计教师考核评价体系，将为农服务的质和量作为重要的评价指标纳入考评体系中，在工资待遇、

职称晋升、荣誉授予时予以政策倾斜。要鼓励科研人员通过离岗创业、兼职兼薪等形式，为推动乡村振兴做出更大的贡献。

管理机制。要建立相关的管理机构，并由专人负责管理、协调事务。在学校层面，要出台配套的规章制度，将服务乡村振兴上升为学校发展的战略层面进行顶层设计和规划，实现短期规划、中期规划、长期规划的全覆盖。同时，要注重乡村振兴服务人才队伍的建设，构建一支专兼结合、结构合理的骨干队伍，保障这项工作的长期、可持续发展。

激励机制。作为优秀人才输出地的高校，要采取各种激励措施鼓励人才深入农村、扎根农村。通过广泛的宣传和引导，吸引更多的高校毕业生更全面、更生动地了解乡村，进而扎根在乡村、创业在乡村。

改革传统的人才培养模式。

调整人才培养模式和规格。高校要主动适应乡村振兴的新形势和新要求，改变传统的人才培养模式，尤其是在农业高科技大发展的背景下，对新能源、新材料、信息技术等高新领域的人才培养提出了更高的要求，同时，也要大力培养一批懂农业、会应用的创业型人才。

调整学科专业结构。要适应现代农业大发展的趋势，改变过去传统的、单一的学科设置，优化和创新专业设置，积极调整专业结构。现代农业对农产品加工、农产品流通、农业企业管理等领域的人才需求剧增，高校要顺应这一趋势，增加这些领域的人才培养规模和质量，通过校企合作、校地合作，加强专业内涵建设，培养出更多的符合乡村振兴战略发展要求的专门人才。

加强农业科研和成果推广。农业科研成果的转化是当前乡村振兴的关键所在，如何将先进、实用的生产技术与本区域的农业经济发展实际结合起来，是摆在众多高校面前的一项重要课题。为此，高校要逐步引导科研人员加强应用型成果研究，创办高新技术孵化平台，实现校企有效对接和科研成果的快速转化。

丰富服务内容和形式。我国广大农村地区地域辽阔，各地经济、社会、文化等各不相同，在乡村振兴过程中所遇到的问题和各自建设的侧重点也必然不尽相同。当前我国高等院校的科研内容还远远不能够涵盖乡村振兴中所碰到的所有问题，这些问题既有经济发展方面的，也涉及文化建设、政策法规体系构建等层面。这些问题的解决需要高校给予足够的重视，也有待于高等院校的科研人员通过长期艰苦卓绝的研究给出答案，需要广大科研人员通过大量的社会调研，给出解决的方案。

文化的传承与创新是推动农业强、农村美、农民富的基础和前提，也是乡村振兴战略的内驱动力，高等院校要从战略的高度精心谋划乡村文化振兴，始终把建设和推动乡村文化振兴作为一项重要的任务和抓手。一方面，高校要发挥自身优势，帮助乡村建立各种图书室、健身场所、文化礼堂等，改变农村文化设施落后的现状；另一方面，继续组织学生社团文化下乡，通过慰问演出、农业科普宣传、农村法规普及等活动形式，对乡村文化进行深入挖掘、有效保护、合理利用。

第七节 高校服务型心理健康教育工作模式构建

随着教育内涵的不断丰富以及教学内容的不断增加，服务型理念逐渐被延伸至教学领域。各高校要不断转变思维和教育观，将学生从被教育的对象逐步转变为被服务的对象。随着社会对学生心理健康问题关注度的提升，高校也逐渐将侧重点放在了关于心理健康教育的工作上，结合目前大学生的心理状态，切实解决和预防大学生的心理健康问题，成为高校构建服务型心理健康教育工作模式的关键所在。

一、高校心理健康教育工作现状

随着社会的快速发展，高校对大学生开展的心理健康教育工作变得愈发重要，因此，高校要在继承原有优良传统的基础上，结合实际，不断进行拓展创新，不仅要围绕大学生的思想、品德、文化等素养进行培养，还要关注大学生的心理健康问题。高校服务型心理健康教育工作要围绕实际与社会发展，切实解决大学生成长过程中遇到的和将要遇到的问题。目前，我国高校心理健康教育工作主要存在以下几方面问题。

第一，高校心理健康教育的实践创新方面较为薄弱，研究深度有待加深。就理论而言，多数高校的心理健康教育工作大多只停留在表面，缺乏个性与特色，整体水平较低，且不成体系，内容较为分散，缺乏深层次的讨论与探究。就实践而言，大部分高校的研究对象缺乏一定的代表性，基础薄弱，研究结论较为片面，不够具体，且其心理健康研究过程中的变量难以控制。就整体而言，高校的心理健康教育工作缺少理论与实践的结合，无法因校而异，高校自身的特色不能有效突显出来，进而无法对学生进行有效指导。

第二，高校心理健康教育组织陷入认识误区，机构有待细化。调查发现，部分高校的领导层对学生心理健康教育的重视程度较低，心理健康教育组织的机构不够健全，致使其在管理、制度以及政策、分工等方面都存在一定的问题。虽然大部分高校都建立了心理健康教育机构或组织，但其管理分工中存在模糊、隶属不明等问题，导致组织缺乏规范，甚至存在学校将心理健康教育与思想政治教育混为一谈的现象；同时，心理健康教育机构往往把重心放在那些有心理障碍的学生身上，然而，真正有心理障碍的学生少之又少，体现不出心理健康教育的意义。此外，部分高校将注意力全部放在治疗学生的心理疾病过程中，忽视了预防的重要性，致使学生的心理问题无法得到真正解决。

第三，高校心理健康教育的持续发展性思维较弱，教学内容有待丰富。部分高校在心理健康教育过程中未能从大局着手，目光短浅，忽视了学生的实际需求；同时，在开展心理健康教育的过程中未能紧密联系学生的日常生活。

第四，高校心理健康教育经费投入不够，保障机制有待完善。由于各高校对心理健康教育的关注度不够，导致从事心理健康工作的人员短缺，部分教师由思想政治课教师兼职。同时，由于经费不足，心理健康教育的基础设施较为短缺，严重阻碍心理健康教育工作的开展。

二、高校服务型心理健康教育工作的理论阐述

其一，政策依据。国家对高校心理健康教育的越来越重视，各项政策相继出台，并指出要加强大学生心理健康教育，在新形势下不断融入和贯彻全国教育工作，同时要促进大学生在和谐健康的环境下成长，不断培养高端人。这些政策详细规定了高校心理健康教育工作的教学方向、师资队伍、工作条件、体制机制等内容，为更好地开展服务型心理健康教育奠定了坚实基础，保证了后续教育工作的正常有序开展。

其二，理论基础。高校大学生的年龄区间基本在18~23岁，这个年龄段的学生正处于迅速成长但未完全成熟的阶段，从高中过渡到一个新的学习环境后，学生需要经历一个适应阶段；新的心理平衡与习惯建立后，学生的心理逐渐进入一个稳定阶段；即将步入社会时，学生的心理逐渐进入过渡阶段。服务型心理健康教育的宗旨是帮学生顺利度过这三个变化阶段，因此，既要关注学生的实时状态，又要对未来可能发生的问题进行预见，不断提升学生的心理承受与抗压能力。

其三，重要意义。一方面，高校服务型心理健康教育的宗旨是针对大学生的心理健康提出来的，随着社会的不断进步与教育事业的快速变革，高校大学生需要具备较好的心理素质。一代又一代大学生在思想观念、社会认知、行为方式等方面不断变化，对高校服务型心理健康教育提出了更高的要求，因此，服务型心理健康要不断适应时代的发展与需求，切实解决大学生各个阶段的心理问题。另一方面，服务型心理健康教育是全面推进素质教育的基础，大学生要想适应社会生活与交往，就必须具备良好的心理素质，心理健康会直接影响学生的未来发展。同时，良好的心理素质是建立正确的思想观、价值观的保障，缺乏良好的心理素质会直接影响大学生的思想政治素养，因此，服务型心理健康教育既要重视预防和解决学生的心理健康问题，又要注重对学生后期的培养，进而帮助学生找到适合自己的发展道路。

三、高校服务型心理健康教育工作模式构建路径

高校服务型心理健康教育体系是一个系统化、层次化、人性化的体系模型，紧密地将课程系统、学校氛围和心理健康保障系统有机结合在一起。为有效构建高效服务型心理健康教育工作模式，应从以下三方面入手。

（一）课程实施与学科渗透

服务型心理健康教育的主要介质是课程，通过实施有针对性的心理健康课程与心理健康学科的渗透，能有效实现服务型心理健康教育工作。

1. 以日常实践为主要依据构建心理健康课程

心理健康课程的开设是以解决学生的日常实际问题为目的，而不是单纯的理论授课，心理健康工作者要换位思考，切实站在学生的立场去思考遇到的实际问题，开设针对性强的课程，以解决学生的心理困惑。同时，教师可以借鉴国外的优秀案例，丰富课堂教学内容，拓宽心理健康教学的思路与广度。

2. 有效实现心理健康的学科渗透

学科教学是高校教学的核心所在，学科教学过程中蕴含着丰富的心理健康教学资源，心理健康工作者要充分结合各学科的教学内容，不断丰富和完善心理健康教学内容。各学科教师在日常教学过程中不仅要注重教授本学科的知识，还要重视挖掘本学科中蕴含的心理健康教育元素，实现心理健康教育与专业教育结合，从而提高学生对心理健康教育的重视程度。

（二）营造支持性的学校氛围

心理健康教育工作既要在日常学科教学中体现，又需要营造具有支持性的学校氛围来有效开展。为更好地营造支持性的学校氛围，高校应从学校的制度氛围、校园氛围、心理氛围和问题解决平台的建立几方面入手。

1. 构建保障全员参与的制度氛围

心理健康教育要提高各个层级的重视程度，从高校领导层到一线教师都要树立服务型心理健康教育理念，才能够从根本上保证学校的各项管理制度、课程设置、校园环境建设等真正服务于学生，营造出一种全员参与的制度氛围，为打造服务型心理健康教育奠定基础。因此，学校需要积极建立教师正向激励等制度，通过学校与教师、学生的共同努力，保证服务型心理健康教育的正常运行。

2. 建立和谐健康的校园氛围

校园环境本身就是一个传播信息媒介，积极向上的校园氛围能够影响学生的潜在心理取向，进而营造出一种良好的心理教育氛围。高校可以通过组织面对面谈心活动、广播、校园网等途径，传播一些关于心理健康的知识与常识，潜移默化地对学生进行健康的心理教育，不断增强学生的心理承受能力与适应能力。

3. 营造良好的心理氛围

高校要营造良好的心理氛围，首先要提高对师生关系的重视程度。对于学生而言，教师就是一盏指向未来的明灯，教师的一言一行都会对学生产生潜移默化的影响，因此，教师在日常的教学过程中要努力营造一种宽松、和谐的学习氛围，不断创新课堂教学方式，突出学生在教学过程中的主体地位，不断培养学生的创新、参与、探索等能力，同时，教师应一视同仁，平等对待每名学生，不能单纯依据成绩将学生划分为三六九等。此外，在课余时间，教师应注重自身的一言一行，时刻为学生树立榜样，对于特殊群体，教师应适当给予重点关注。

4. 搭建支持性的问题解决平台

心理健康教育是解决学生心理问题的重要途径，因此，学校应为学生提供心理健康指南，建立心理咨询机构，使学生遇到问题或心理疾病时能够第一时间找到相关组织机构寻求帮助。同时，随着社会的发展与科技的进步，学校应重视网络技术的应用，借助网络技术为学生提供在线心理健康教育与在线心理咨询服务，与需要特殊帮扶的学生进行交流并给予辅导。

（三）建立以学校为核心的服务保障系统

服务保障系统是高校服务型心理健康教育工作的第一层系统，也是最为关键的系统，因此，建立以学校为核心的、家庭与社会同时参与的服务保障系统对开展服务型心理健康教育具有重要意义。

1. 构建健全的防御机制

高校要整合各个部门的资源，齐心协力构建健全的防御机制。该防御机制不仅要应对解决学校每名学生可能出现的心理问题，还要对学生心理健康问题进行预见性判断。建立每名学生的心理动态档案，切实关注学生心理变化的一举一动，有效形成学校、教师、家长、同学的联合应对机制，切实解决学生已经遇到和可能遇到的心理健康问题。

2. 建立家长与学校沟通交流的服务平台

家长是学生的监护者，教师是学生的引路人，二者在学生成长过程中都是不可或缺的，因此，学校应建立家长与学校沟通交流的服务平台。一方面，方便家长随时了解和掌握学生的心理动态；另一方面，通过建立家长委员会等方式，引导学生家长及时掌握心理健康教育相关知识与解决心理健康问题的方法，切实解决学生在每个阶段可能遇到或产生的心理健康问题。后期，学校要与家长进行沟通，鼓励学生家长对服务平台提出意见和建议，不断完善家长与学校沟通的方式与渠道，提高沟通交流的有效性。

3. 建立以学校为核心的社会互助组织

社会是个体发展的载体，能够为个体的发展提供强大的辅助力量，因此，学校应利用好这一资源，不断呼吁政府出台与高校服务型心理健康教育工作相关的文件与政策，同时，依托社会力量，建立以学校为核心的社会互助组织，定期为在校师生和学生家长开展心理健康讲座，有效建立起以学校为核心的服务保障系统，应对学生可能出现或已经出现的心理健康问题。

第八节　艺术类高校服务社区文艺活动的路径

社区文化建设是一项系统工程，形式多样，其中文艺活动无疑是社区文化建设的重要形式之一。艺术类高校作为社区地域范围内的组织，无论是在艺术表演领域，还是在艺人人才培养方面，都拥有得天独厚的优势。艺术类高校服务社区文艺活动可以从以下几方面着手：提升社区艺术表演团体的水平；提供社区开展艺术活动的基础设施；成立青少年艺术培训中心；协助社区建立演出教育网络平台。

社区作为与民众联系的主要场所之一，是群众精神文化生活需求得以满足的重要阵营，当前加强社区文化建设已成为社区和谐发展的重要举措。社区文化建设内涵深远，形式多样，其中文艺活动是社区文化建设较为普遍的一种形式。艺术类高校作为社区地域范围内的艺术培养组织，无论是在艺术表演领域，还是在艺术人才培养方面，都拥有得天独厚的优势。因此，如何提高社区文艺活动的质量，如何促进社区文化建设水平的提升，是艺术类高校亟待思考的问题及责无旁贷的社会责任。

一、社区文艺活动的概述

社区文艺活动的界定。根据我国社会学界的研究与界定，"社区"这一概念，一般是指聚居在一定地域范围内的人们所组成的社会生活共同体。而社区文艺活动指的是在某一地域范围内开展的非盈利性表演活动，主要以锻炼身体，陶冶情操，提升居民的艺术文化素养等为目的，包括声乐类、器乐类、舞蹈类、戏剧类、曲艺类等。目前，社区文化活动大概有体育类、文艺类、技能类、科普类等。由此可见，发展社区文化，有利于促进社区居民之间的良性沟通，建立友善、互助的邻里关系；有利于提高居民的综合素质，提高居民对社区的归属感和认同感，从而营造良好的社会风气。

社区文艺活动的发展现状。社区开展的文艺活动形式多样，可以概括为以下四种：一是群众根据自己的兴趣组建团队，有较强的自发性，如合唱团、舞蹈队等，演艺内容主要是跟随电视或电脑视频学习。二是由社区相关部门组织的文艺会演，主要在社区庆典、艺术节以及重阳节、元旦节、春节等特殊节日开展，由社区各个团队报名参加。三是文艺比赛，各个社区选送表演团体参加。四是在社区组建专门的机构，提供固定的场地和师资，社区居民自愿报名学习，最典型的是老年大学。

近年，社区文艺工作虽然得到了广泛的重视与发展，但是还存在基础设施利用率不高，文艺演出题材陈旧，文化从业人员专业性不强以及管理理念滞后等问题。社区举办的活动除对老年群体具有一定吸引力外，对其他的群体尤其是青年群体没有多大的吸引力，致使青年群体的参与度不高，文艺工作参与人员结构呈现单一的局面。

二、艺术类高校服务社区文艺活动的可行性分析

政策引导。高等院校承担着培养人才、科学研究、服务社会、文化传承等社会责任，近年来，越来越多的高校将服务社会列入教育教学规划之中。2014 年教育部发布的《关于推进学校艺术教育发展的若干意见》中提出：鼓励学校与社区建立合作关系，学校要充分利用当地各种文化艺术资源开展艺术教学和实践活动；而相关部门应将更多文化建设项目布点在学校，并尽可能向当地群众开放，实现艺术教育资源共享。这在一定程度上为学校与社区的合作关系提供了合法身份，也为高校履行社会责任提供了重要的途径。

艺术类高校能为社区文艺活动提供丰富的艺术资源。艺术类高校拥有音乐、舞蹈、戏剧、设计等丰富的学科门类，能在一定的范围内为社区文艺活动提供形式多样的服务：一是为文艺演出活动提供基础设施，包括舞台、灯光、音响设备等；二是为文艺活动提供艺术表演及艺术管理师资队伍。通过编排新颖的文艺节目，破除社区文艺演出的陈旧性，提高日常文艺活动的品位，以及通过艺术管理师资提升社区文艺工作者的管理能力；三是能够提升社区居民的艺术审美能力。

社区文艺活动能促进艺术类高校教育教学质量的提高。实践教学历来是艺术类高校人才培养中的重要环节，理论与实践的渗透式结合，能够帮助学生淡化理论与实践之间的界限，消除理论与实践之间的隔阂，在学习过程中将二者作为一个整体同时理解接受。然而，因为艺术类高校教学资源的缺位，艺术教学往往以理论为主。社区文艺工作包括节目创作、排练、演出等多个环节，既能够为高校人才培养提供便捷的可持续的实践平台，又能为高校教师提供个案研究，助力表演类专业教学质量的提高。

三、艺术类高校服务社区文艺活动的路径思考

（一）提升社区艺术表演团体的水平

1. 依靠高校人才资源，使社区文艺演出节目推陈出新

一是聘请高校专业师资创作作品。社区相关部门从艺术类高校聘请专业教师，结合社区自身发展的特点，创作适合社区不同群体喜闻乐见的文艺作品，要求每年至少为社区创作2个作品。二是社区成立流动文艺创作组。创作组成员由高校专业教师进行长期培训，或是跟随高校学生进行系统学习专业知识，以提升表演创作的专业素养。三是组织学生志愿者培训团队。高校选拔舞蹈表演、声乐表演、乐器表演等专业能力强的学生志愿者进行培训，具有一定的教学经验后分配到不同的社区，对各个社区的文艺团队展开培训。

2. 加强对社区文艺骨干的培训，尤其是一些担任管理职务的骨干

社区通过"请进来"和"走出去"的方式，一方面邀请高校艺术管理专业教师到社区进行短期培训，内容包括演出活动策划、表演团队的组织协调与管理、舞台管理、社区居民艺术需求分析等方面。培训课程安排要求每年至少2次，每次至少一周。另一方面鼓励社区文艺骨干走进高校，观摩艺术类高校的展演、讲座等。学习与实践相结合，激励社区文艺骨干带领社区表演团体参与各类重大节庆文化活动及各种文艺比赛，争取在艺术类高校教师的帮助下，每年每个社区能够推出1～2个精品文艺节目。

3. 举办学校与社区的交流演出

为了不断提高社区内各个文艺团队的演出水平，高校和社区可以在一些具有特殊意义的节日举办文艺演出交流活动，社区表演团队进校园或是学校师生进社区同台演出。一方面，高校教师可以通过这种方式检验教学效果，了解创作作品是否具有潜在的消费群体或是社会价值。另一方面，通过让社区表演团队接受高层次艺术的熏陶，激发他们学习艺术的积极性，间接促进社区文化建设水平的提升。

（二）提供社区开展艺术活动的基础设施

基础设施是影响艺术表演效果的重要因素之一。近年来，随着国家对文化建设的重视，社区的艺术活动基础设施经历了从无到有的过程，但是其条件与艺术类高校相比仍然存在一定差距。艺术类高校可以在不影响正常教学的情况下，每年至少2次将学校的剧场、音乐厅等校园文化资源向社区开放，在促进社区艺术表演活动顺利开展的同时，也给予社区各个艺术表演团体一次展示自我的机会，吸引更多民众关注社区文化建设工作。

（三）成立青少年艺术培训中心

社区文化建设要实现稳定发展，人才是关键。社区可与高校合作，成立青少年艺术培训中心，保证社区艺术教育常态化，提升青少年的艺术素养以及对艺术的关注度。为了保证培训中心的持续运作，培训中心可以面向学员收取一定的费用，费用收取做到公开透明且低于市场价格。作为学校应该积极配合社区开展这一工作，鼓励专业能力强，思想觉悟高的教师积极担任该工作，并将其列为教师年终考核、职称评定的考虑因素。

（四）协助社区建立演出教育网络平台

信息化时代的到来，给人们的生活带来了翻天覆地的改变。在社区文化建设过程中，还应充分利用互联网技术，吸引更多的群体尤其是中青年群体的关注。艺术类高校拥有形式多样的表演、课程、著作、论文，以及大量音乐会、舞蹈展演、晚会、讲座等音像资料。高校完全有条件协助社区利用这些资料建立演出教育网络平台，开发微信公众号、APP 等软件，以拓宽社区居民学习艺术的渠道，保证社区文化建设的持续发展。

第九节　高校服务大学生创新创业"生态圈"模式的构建

在"大众创业，万众创新"的时代背景下，国家层面对高校大学生创新创业做出了系统设计和全面部署，创新创业越来越成为大学校园热门话题之一。牢牢把握住青年大学生这一重要群体，激发大学生创新创业意识，引导他们科学创新和理性创业，帮助他们解决在创新创业道路上遇到的困难和挫折，是高校落实"双创"工作的重心所在。高校在组织、载体和人才等方面具有很大的优势，服务大学生创新创业是当前高校工作的重要内容。如何利用优势引导大学生树立正确的就创业观念，如何为大学生创业创造良好的环境从而为学生创新创业服务，成为当前高校需要探索的重要课题。

一、高校服务大学生创新创业的优势

高校聚集着众多思维活跃的年轻人，是培养创新创业人才的主阵地。创业不仅是政府缓解就业压力的重要考量，也是经济转型升级的重要环节。"双创"背景下，高校重视大学生创业工作，并将创新性人才作为人才培养的重要目标之一。"双创"形势要求下，高校需要帮助大学生在校期间拓展创新创业素质，提高创新创业竞争力，引导学生在创新教育、创业过程中展现良好素质。高校在引领青年、组织青年、服务青年方面有一定的组织优势、载体优势和人才优势。

（一）组织优势

当前，不少高校把共青团组织作为开展大学生创新创业教育的主导部门。高校共青团拥有较为完备的组织体系，设有学校团委、二级学院团委、系团总支、班级团支部、公寓团支部、社团团支部等。此外，还有很多在团组织指导下开展工作的学生会、学生社团等学生自组织，覆盖范围广，联系学生密切。也正因为如此，创新创业教育和工作才能够从校级团委延伸到班级团支部，甚至延续到每一位团员青年，可以通过班级团支部、社团团支部、公寓团支部等渠道深入并及时地了解和掌握大学生的思想动态和创业需求，量体裁衣，为学生提供其需要并认可的精准服务。此外，高校共青团组织与归属地的地方团组织有着千丝万缕的联系，加强与地方团组织、企业团组织等多个行业团组织的联系和交流，通过借助外力建立就创业基地、见习实习基地等为大学生提供就创业信息，邀请优秀企业家与学生分享创业经验与教训。高校团组织较强的吸引力和凝聚力，将有效提升团组织指导创新创业工作的针对性和有效性。

（二）载体优势

高校的教务处、招生就业处、团委在引领青年、组织青年、服务青年方面有着自身的载体优势。经过多年探索，高校已建立了服务大学生创新创业的较为稳定和有效的平台和载体，如各级各类"挑战杯"学术科技作品大赛、"创青春"创业大赛，以及社团拉力赛、科技文化艺术节等实践平台。这些形式多样、内容丰富的第二课堂活动，有效弥补了第一课堂理论有余而实践不足的现状，为提升大学生综合素质提供了丰富的载体。高校应想方设法发挥好各种学术科技比赛、见习实习基地、社会实践基地、创新创业训练等阵地的积极作用，可将服务大学生创新创业的工作融进日常工作中，渗透在服务大学生成长成才的过程中。

（三）人才优势

通常而言，高校辅导员是大学生创新创业教育的教师队伍主体。相比较而言，高校辅导员队伍战斗力强、政治立场坚定、业务水平高、工作作风好，和大学生关系最为密切，他们经常深入基层一线，对学生有着深入的了解，经常性地开展学生思想状况调研，掌握着学生的思想动态、特长爱好、家庭状况、学习生活等情况，有着丰富的学生教育管理经验。此外，辅导员有着较高的业务能力和全面的业务知识，可为学生搭起与政府、学校、企业之间的桥梁，从而更好地从学生的创新创业需求出发，带着问题意识和目标意识，从专业和学生全面发展角度对学生进行有针对性的指导，从而提升创新创业教育的成效。

二、高校服务大学生创新创业的困境

（一）角色困境

纵观大多数高校，大学生创新创业工作基本是由招生就业处承担。然而，大学生创业教育及创业过程涉及的部门相对较多，并不是哪一个部门就能够顺利开展的，需要相关职能部门，如教务处、学生工作处、招生就业处、团委等的协同合作。当下，高校如何开展大学生创业教育和创业实践工作，没有一个相对明确的角色定位，且大学生创业教育和创业能力培养也并没有在共青团组织的工作职能中得到应有的重视。这种无法适应新时代经济社会发展对大学生创业能力培养要求的角色困境，将会对高校创新性人才培养目标产生较大的影响。

（二）职能困境

当前，高校在人才培养目标和方案中已经自觉将创业教育作为高校学生工作的重要内容，共青团组织也在其工作职能中强化了创业教育。但是，多数高校共青团在服务大学生创业这一工作职能中更多地仍然是围绕人才培养方案，聚焦于创业课程体系设计、校园文化活动开展、社会实践活动、科技竞赛等"前创业"阶段的创业教学、教育和实践环节，很少注重"创业进行时"阶段和"创业后"阶段的跟踪服务功能。总而言之，高校共青团组织在服务大学生创业过程中存在阶段性职能重心不均衡的现象。

（三）协同困境

高校创业人才培养是一项非常复杂的系统工程，不是高校内部各个部门自身的事务，也不是高校内部系统之间各部门合作的事务。现阶段，高校共青团服务大学生创业明显呈现出"内外脱节"的协同困境。高校人才培养更多的是"内部取向"，表现在高校教务处、学生处、团委、二级学院等部门之间各司其职、各尽其责。也就是说，高校创业人才培养主要停留在创业教育层面，即使有实习、实训、社会实践等环节，高校依然是"一元主体""唱独角戏"。大学生创业不仅是创业教育环节的人才培养工作，还必须在创业实践、创业过程的各个环节强化"内外结合"的创业服务，在高校、政府、企业多元主体之间形成战略伙伴关系，构建良性协同合作系统。

（四）能力困境

当前高校创新创业教育大多数由辅导员承担。虽然高校辅导员的政治素质和业务素质都很高，但这些辅导员更多擅长思想引领、组织工作、校园文化活动开展等，带有传统型辅导员的能力色彩和素质特征。随着"双创"时代的来临，高校在服务大学生创新创业方面缺乏专门性人才，特别是在大学生创业外部环境识别、创业风险知识和创业鼓励政策等相关制度宣讲、促进高校—政府—企业三方合作等方面还呈现出能力不足的困境。

三、高校服务大学生创新创业"生态圈"模式的构建途径

大学生创业不是某一个个体或某个组织单独参与其中的过程，也不是多个主体和组织参与其中的浅层次合作、指导或服务行为，而是由围绕大学生创业这一核心而结成的多组织、多部门、多个体协同合作的"生态圈"协同进化的过程。"生态圈"创业模式包括大学生个体、辅导员等教师队伍、高校职能部门、政府相关部门及企业之间的相互合作。"生态圈"强调内部各个子系统相互协同，既要发挥自身作用，也要发挥协同作用，通过各环节、各主体之间的共生关系，提供服务大学生创新创业的"生态圈"新型模式。

（一）"生态圈"价值子系统：充分发挥校园创业文化的思想引领作用

高校应着眼于学生的思想引导和成长服务，找准切入点，服务学校中心大局，服务学校立德树人，服务学校人才培养。在青年的思想政治工作和优秀青年典型的培养选树上，高校

有着系统的规划、丰富的经验和优良的传统。高校辅导员队伍是大学生创新创业的思想引领者，要帮助大学生端正就业创业观念，引导大学生塑造合理正确的创业观和职业道德观，引领他们面对经济新常态，及时转变就创业观念，鼓励学生根据自身情况，较为理性地对待创业。同时，要加强对大学生心理辅导和教育，提高创业心理素质，积极应对创业活动中出现的各种风险，甚至是失败。另外，高校还可以通过组织青年创业论坛、创业大赛、挑战杯科技竞赛等校园文化活动，营造良好的创业氛围，使创业精神成为校园文化的重要内容，发挥创业文化思想引领作用。

（二）"生态圈"文化子系统：大力开展以创新创业为主要内容的校园文化活动

社会实践、志愿服务、就创业比赛等活动可以让大学生在实践中提升创新创业能力。第一，通过组织开展创业类校园文化活动，有计划、有步骤地培养学生的创新能力、实践能力、组织协调能力等。第二，以"创青春""挑战杯"学术创新类比赛为载体，鼓励大学生成立团队，跟随导师开展科学研究，强化科研意识，同时邀请相关专家学者开设学术讲座，在校园内营造浓厚的科研学术氛围。第三，组织大学生参加各类职业生涯规划比赛、创业类比赛等，指导学生入驻大学生创业孵化园，让学生在实战中锻炼提高。第四，发挥好创新创业联盟等创业类社团的作用，切实让学生在社团中得到锻炼、获得成长、取得进步。

（三）"生态圈"实践子系统：创新大学生社会实践内容和形式

社会实践是高校人才培养方案的重要一环，对提高人才培养质量具有十分重要的意义。提升大学生创业能力必须从社会实践内容和形式方面进行革新，更加注重创新创业导向。要想解决当前大学生社会实践活动"形式化""表面化"等问题，必须从过程监控、内容安排、评价体系等方面加以改革。第一，要高度重视社会实践对学生创新创业能力提升的重要性，加强对学生社会实践的过程监控。当前，很多高校只关注大学生社会实践的结果，不注重过程监控，这不利于保证大学生社会实践的实效性。社会实践需要重点关注过程监控，重点考查学生在社会实践活动中的具体表现。第二，要增加创新创业类导向的社会实践活动。当前，大学生社会实践主要集中于社会公益类活动或者对企业的参观，这种社会实践形式不是不好，只是就大学生创业能力的培养目标而言，这些社会实践活动形式是远远不够的。高校在组织和安排大学生社会实践活动的内容和形式方面应更多地着眼于社会需要、市场需要、创新创业需要，以问题为导向，做好市场调查和社会调查，凝练成科学完整的研究报告，为安排大学生社会实践提供科学参考。第三，构建科学合理的社会实践评价体系。高校对学生参加社会实践的成效考核主要依靠调研报告、证明报告等，然后学生再据此参评社会实践先进个人和优秀团队。这种评价过于注重形式化结果和数量指标，忽略了社会实践的过程和质量，不能全面、客观地反映大学生社会实践能力。大学生社会实践活动评价指标体系的构建必须同时注重形式和内容、数量和质量，而且更加注重过程评价、质量评价和能力评价指标在评价指标体系中的权重，从而引导基于创新创业导向的大学生社会实践的开展。

（四）"生态圈"协同子系统：打造协同合作的校园创业生态圈

为构建大学生创新创业"生态圈"，高校应主动加强与政府、企业的协同合作，利用自身平台优势，打造"企业＋高校＋政府"协同合作的校园平台创业"生态圈"，为大学生提供创业所需的多种资源。高校可以依托微信公众号、官方微博等新媒体工具，及时发布各类政府关于支持大学生创新创业的政策和方案，并积极整合校内外资源，拓宽创新创业渠道，丰富创新创业信息；借助互联网平台，梳理完善创新创业信息网络，向学生提供就业创业政策指导；联合相关部门实施"青年就创业见习计划""大学生志愿服务西部计划""大学生志愿苏北计划"等，为青年学生提供切实有效的载体和平台。以企业为代表的"产业圈"可以利用自身资源深度支持高校创业信息化工作，从财税、工商、路演、投资、孵化器、训练营等多个层面对大学生创业项目提供直接有效的服务，可以针对财务基础、商务基础、职业习惯等多个维度对大学生进行综合培养。

（五）"生态圈"能力子系统：加强共青团专兼职队伍能力的提升

教师对大学生创业意识的激发和创业水平的提高尤为重要。高校团组织应从共青团专兼职教师队伍的本领提升出发，强大本领意识、"一桶水"意识和创新意识，着力提升共青团专兼职教师队伍的综合素质。高校可建立教务处、招生就业处、学工部、团委、电商学院等多部门参与的创新创业教师培养培训机制，面向校内外遴选具有相关学科背景的教师进行专门且系统的培训，通过对其创新创业方面专业知识的培训，建立起一支创新能力强的新型师资队伍。同时，高校可聘请创新创业方面的专家学者、杰出企业家成立创业导师库，着重加强对学生创业实践活动过程性帮助和指导；定期开展专题讲座，向学生传授创新创业的知识和技能，着力培养学生自主创业的信心，切实提升创新与创业教育的实效性。

（六）"生态圈"载体子系统：打造一批具有创业实战功能的创业实训基地

高校可在相关企事业单位建立"大学生创业实训基地"，为学生提供创新创业的实战平台，不断提升大学生的创业实战技能；建立大学生创新创业联盟、大学生创业协会等机构，为确实有意向创业的学生提供载体和平台，引领学生在实践过程中不断探索和提高。此外，高校可以创建大学生科技孵化园，邀请创新类微型企业入驻孵化园，让学生在孵化园感受创新创业氛围，从事相关创新创业工作，在节省成本的同时，可让学生能够深入创新型企业之中学习和体验企业运营管理方法，学校也可依托企业加快创新创业人才的培养。

第三章　高校服务创新发展研究

第一节　高校后勤服务创新

高校后勤工作要以学校发展为着力点，必须为教学科研、师生生活做好服务，充分发挥保障作用，这是后勤工作的性质决定的。但随着师生需求、学生群体的不断变化，对服务的高效率、个性化、便捷化要求也在不断提高，如何积极顺应新时代"一流大学、一流学科"建设的发展要求，更好地为学校教学、科研和师生生活做好服务，真正做到服务从心开始，进一步推进高校各项事业的发展，值得我们所有人深思。

一、高校后勤服务现状

（一）高校后勤服务项目

从 1999 年高校后勤社会化改革至今，已历经二十年的历程。虽然经过前期的摸索、实践的尝试、经验总结等发展阶段，不同的地区、不同高校间的后勤管理体制、运行机制、发展程度不尽相同，甚至截然相反，但后勤服务工作已然成了各个高校除教学、科研外发展的基本且重要的因素，是各个高校必不可少的管理部门，所涉及的服务范围也大体有物业、公寓、餐饮、接待、商贸、水电、维修、运输、医疗、绿化等各个方面，一直还是涵盖校园的角角落落，关系着师生的方方面面。因此，在后勤工作中，服务始终是基础，是立足之本，是核心竞争力。后勤服务工作的出发点和落脚点就是不断满足广大师对美好校园生活的服务需求，做好后勤服务工作是后勤人的天职。

（二）高校后勤服务面临新变化新需求

近几年来高校发展迅速，并进入了再次内涵式跨越发展的"新阶段"。随着学校的快速发展，作为保障学校发展的后勤服务部门，必然也有了新的更高的要求。同时随着社会整体生活水平的提高和 00 后迈入大学，广大师生对美好校园生活的需求进一步提高，急需一个具备专业化、个性化、信息化等服务的现代高校后勤，要积极对应新时代"一流大学、一流学科"建设，构建"双一流后勤"。

（三）高校后勤服务存在不足

随着高校后勤社会化改革不断深入，各高校后勤纷纷通过完善、更新后勤服务设施设备、创新服务手段、拓宽服务渠道、丰富服务内涵等手段提升师生满意度，后勤服务取得了一定成绩，但同时也存在很多不足，主要集中表现在：

优质服务意识不足。作为为师生提供生活所需的一个部门，后勤服务的意识已经深入人心，日常组织的各类培训也是不计其数，但总体来说更多的还只是停留在为了完成自己的工作任务出发，完全发自每位员工内心的自觉、主动为师生服务的观念和愿望还较少。

专业化水平不够。高校后勤服务涉及行业多且杂，由于服务人员总体知识文化水平受限等原因，行业的专业知识、专业思维、专业方法、专业能力、专业精神等匮乏。

育人内涵不深。除日常师生服务保障工作外，高校后勤与社会企业相比还有其特殊的教育属性，承担着服务育人的职责。如何通过服务人员外化的服务语言、服务行为、服务方法等去影响、教育学生方面挖掘不多。

服务品牌不明显。虽然经过了 20 年的改革发展，但与社会上其他行业相比，几乎没有形成可以固化的有一定影响力的品牌服务。

二、新型后勤服务要求和变化

服务的多元化。多元化是相较于原来单纯的统一的后勤服务来比较，是指通过服务方式、方法、内容、项目等各方面的改变或增加，使原先提供单一的、固定服务的场所成为涵盖多种服务相结合的一个点，为师生提供更及时、便捷的校园后勤服务，从而不断满足师生日益增长的校园服务需求。

服务的信息化。高校是大学生学习休闲的主要场所，作为新生一代的青年力量，他们非常愿意尝试并接受信息时代智能化带来的方便、快捷。互联网时代的科技模式可以将新信息技术及新网络服务模式进行有效结合，从而改变传统的服务模式，以适应"互联网＋"时代的师生需求。

服务的专业化。行业员工服务技能、服务知识、服务素养等的掌握程度代表了其岗位的专业化水平。要通过细化并制定各项服务的专业化标准，加强各岗位技能培训等形式，培养新时代后勤服务工匠，使员工达到较高业务技能水平。

服务的评价化。新生代的大学生不仅注重服务品质，也强调对自身服务权利的维护，他们不再是给什么要什么，而是更愿意通过需求的提出以达到其个性化的满足。对于后勤行业内部而言，有监督才有保障，有考核才有提升，通过微信平台评价、组织内外部的检查、大堂经理受理等的受理、监督考核促进服务水平的不断提高。

三、基于现状的服务创新途径

随着时代的进步和社会的发展，服务如其他产品一样，单纯的规范服务已难以满足服务对象的需要，在坚持标准和规范的基础上，要求我们必须因时而变、因人而异，独具匠心。

而高校后勤服务的对象是师生，他们的需要和期望是动态的，不断变化的，更需要不断地创新，才能以新的服务面貌适应师生新的更高的需要和期望，所以坚持服务创新是贯彻师生为导向的服务理念的一个重要方面，也是自身不断发展壮大的不竭动力和"加速器"。

思想观念的创新。观念创新是所有创新的最直接的推动力。日本本田公司创始人本田宗一郎曾说过："有领先时代的经营思想是企业繁荣的先决条件"。这充分说明了观念创新在工作中的重要性。高校后勤管理体制是在计划经济时代形成并发展起来的，面对市场经济不断发展的新时代，已逐渐显得落后和不适应，跟不上发展变化的新情况。因此要不安于现状和不为陈规所束缚，要敢于提符合创新的新思路，不断更新管理思想观念的讨论研究，以实现高校后勤管理科学化和服务专业化。

服务理念的创新。后勤是高校存在与发展后的产物，没有学校就不可能有后勤服务的村子，只有学校师生满意了，后勤才有立足与长远的可能性，因此高校的后勤工作者，必须经常地从学生的角度、从教师的角度、从教学的角度、从科研的角度、从学校发展的角度去看待和认识高校后勤服务工作，从根本性的工作态度转变着手，这也是实现服务过程系列创新的基础。后勤工作要始终将服务学校、师生作为工作的出发点，一切服务从师生的需求出发，做到主动、自觉、热情、优质服务，做到高水平、高质量地服务，这样才能把校内市场管理好、经营好、服务好，用我们的真诚、真情来赢得学校和广大师生员工的肯定，使学校领导满意，使广大师生员工满意，从而有效占领市场，只有这样我们才能获得良好效益，才能壮大发展。

服务过程的创新。随着 00 后步入大学校园，师生已经不仅仅满足于解决基本的生活需求，个性化的服务需求、消费欲望不断增加，原有的普通的服务环境、手段将无法满足他们的日常所需，这就要求我们多渠道收集师生对后勤服务的意见和建议，不断细化服务项目，创新服务内容，创造集学习、生活、娱乐等一体的多元化终端服务，提升后勤服务的内涵和品质；要充分发挥新媒体和信息化手段在后勤服务管理中的实际效果，不断丰富服务手段，如通过对学校新生大数据分析，我们知道了新生的男女比例、生源结构、兴趣爱好等。通过对消费大数据分析，可以了解学生的消费能力、消费习惯和消费重点等，这些个性化需求的前景分析，可以为高校后勤服务工作开展提供一些支持，提高后勤服务的专业化水平；要加强设施设备投入和服务环境的改善，以适应师生日益增长的生活需求；要培育具有行业特色，具有丰富品牌内涵和良好社会形象的服务品牌；要深挖后勤服务对影响学生行为习惯、服务学生成长成才方面的作用发挥等，这些也正是创新实践的具体内容和重要环节。

服务评价的创新。后勤服务质量的结果是否满足师生的需求，需要由师生通过其对服务的认知来进行评价，这也是后勤服务能否取得长效机制的重要手段。各行业要根据师生服务需求，借助互联网、大数据等的技术，从师生需求的调研、行业的服务设施、服务环境、服务的可靠性、服务的响应性、服务的个性化等方面着手，加强对服务数据的分析、研究和总结，实现可持续发展，同时对内部人员管理、考核评价、客户反馈、技能培训等模块也都应有线上功能支持。

　　高校后勤服务创新是针对校园后勤服务活动过程中进行的系列创新，它不仅能够带来内部过程的改善，同时也能改善后勤与师生、学校、家长关系的改善。在后勤服务实践中，要积极运用创新思维，实现全方位的创新提升，只有真正获得师生服务好评，才能赢得他们的信任。当然，后勤服务工作既不是一成不变，也不是统一模式的，在服务创新的过程中，需要正确把握对高校后勤发展大趋势的认识，不故步自封；要正确把握学校的整体工作和目标，不偏离学校的中心工作；要以更好地推动后勤自身日常服务和管理工作为中心，不盲目追求；同时还要抬头学习行业内先进标杆，取其精华，寻找适合自身发展的创新之路。

第二节　高校创新创业精准指导和服务

　　近年来，高校日益重视创新创业教育，在很多方面取得了重大进展，但仍存在着一些不容忽视的问题，一定程度上影响了高校创新创业教育的实效。因此，在创新创业教育中开展精准指导和服务是一个亟待解决的重要问题，明确开展精准指导和服务的基本原则，采取有效的精准指导和服务措施，对于提升高校创新创业指导服务水平、提高大学生创新创业成功率和贯彻落实国家创新创业政策都有着重要意义。

一、开展创新创业精准指导和服务的重要意义

　　有利于创新创业指导服务水平的提升。当前创新创业教育基本上还处于"普适"阶段，没有充分考虑到大学生在认知能力、知识结构、成长背景等方面的差异，也没有开展切实有效的引导和帮扶，使得大学生的专业知识没有得到充分利用，也不能为创新创业实践中的技术、市场运营等核心问题提供切实有效的解决方案，因此，开展创新创业精准指导和服务迫在眉睫。河南省在2016年12月出台的《关于进一步提高全省高校就业创业指导服务水平的实施意见》中，指出要"强化精准指导服务，不断提升高校毕业生就业创业能力，努力促进毕业生实现更高质量就业、成功创业，更好地服务全省经济社会发展"，就为开展精准指导和服务指明了方向。如在开设创新创业必修课的基础上，结合专业特色、行业发展趋势、学生实际需求，在不同学院、不同专业开设不同的创新创业类选修课程，加之深入、持续开展个性化辅导与咨询，就能够不断增强就业创业指导的针对性和时效性。此外，在创新创业教育中开展精准指导和服务还能够充分调动政府、高校、民间等的有效力量，使其资源得到更加合理的分配和利用，避免"一刀切"和"水土不服"等情况的发生，使具有创新创业潜质的大学生及时获得政策扶持和发展指导。

　　有利于大学生创新创业成功率的提高。当前大学生创新创业有国家政策的扶持、有学校创业园的大力支持，而且大学生相较于其他创新创业人员，具有相对较高的文化水平，易接受新事物，思维较为灵活，能够在创新创业中轻装上阵。这些虽然将大学生创新创业实现的可能性增大了，但事实上，大学生创新创业成功的比率并不乐观，这是因为"一刀切"的创

新创业教育难以全面提高大学生的创新创业素养。统计数据显示，在校大学生创新创业成功率仅为 3% 左右，与西方发达国家 20% 有着较大差距。2018 年 6 月 11 日，麦可思研究院发布的《2018 年中国大学生就业报告》以 2014 届大学毕业生为例，指出当年毕业半年后有 2.9% 的毕业生自主创业，创业三年后还存活的比率为 46.9%，存活率近半。这与大学生创新创业理念模糊，课程"水土不服"，保障体系不到位等不无关系，很多"满怀激情"组建起来的大学生创新创业团队在具体实践中得不到有效指导和支持，导致很多创新创业项目举步维艰，大都以失败告终。在创新创业教育中开展精准指导和服务就是要针对大学生不同群体、不同专业的特点，做有针对性的指导和扶持，树立特色，不仅能激发起大学生的创业热情，而且要通过专业知识和经验的介入，提高大学生创新创业的质量，提高大学生创新创业成功率。

有利于创新创业政策的贯彻落实。教育部 2010 年 5 月颁布的《关于大力推进高等学校创新创业教育和大学生自主创业工作的意见》是推动高校创新创业教育的第一个全局性的文件，由此开启了高校创新创业教育的新征程，而创新创业政策的制定也更加科学合理细致，国务院于 2015 年 5 月发布的《关于深化高等学校创新创业教育改革的实施意见》指出要"建立健全课堂教学、自主学习、结合实践、指导帮扶、文化引领融为一体的高校创业创业教育体系。"2017 年 4 月 13 日，中共中央、国务院印发的《中长期青年发展规划 (2016-2025 年)》明确提出要"开展普及性培训和一对一辅导相结合的创业培训活动"。紧接着 2017 年 4 月 19 日，国务院又出台《关于做好当前和今后一段时期就业创业工作的意见》，提出要"健全涵盖就业创业全过程的服务体系，促进供需对接和精准帮扶。"这些都表明了创新创业政策也在逐步向精细化走近，那么高校作为培养创新创业人才的前沿阵地和主阵地，对于创新创业指导服务的理解就不能仅仅局限在课程和赛事上了，而应该积极贯彻落实相关政策优势，在创新创业实践中开展有针对性的、个性化的指导和服务，着力提升大学生的创新创业能力，使大学生想创业、甘创业、能创业、乐创业、善创业。

二、高校创新创业精准指导和服务的基本原则

分层性原则。大学生是思想较为活跃的群体，往往表现出较强的个性和独立性。由于知识结构、专业设置等方面的不同，他们在创新创业认知方面存在一定的差异，如果未能考虑到大学生中存在的这些差别，而直接开展普适性的创新创业教育，必然会影响到大学生创新创业的积极性与教育实效性。因此，根据大学生年级、专业、认知等方面的特点，对不同学生群体加以分层分类教育，如针对新生，通过氛围营造等培养他们创新创业意识和激情；对有创业意向的大学生，引导他们进行初步规划，并通过专业知识传授、实践锻炼等，提升他们的创新创业素质与能力；对于正在开展创新创业实践的学生，可以通过到企业实地考察、一对一帮扶等形式，着重帮助他们解决实践进行中的各类具体问题。因此，分类细化创新创业教育对象，才能实施精准化的创新创业指导和服务。

系统性原则。创新创业教育是一项系统工程，不是哪个部门可以单独完成的，而要进行精准指导和服务更需要全校各个部门甚至整个社会的通力配合共同推进，因此，需要建立起

就业创业指导中心牵头，教务、学工、对外合作等部门齐抓共管的创新创业联动协调机制，定期研讨交流创新创业教育中的重点难点问题，共同推动创新创业指导和服务工作走向精细化。如除了课程教学外，其较强的实践性需要依托大学生创业指导中心等机构整合教师队伍与企业人才资源，对创新创业项目进行管理、跟进与推动，促成项目更好孵化，成功落地。再如政府要在政策扶持、资金支持、管理服务上营造有利于大学生创新创业的良好环境和氛围。总之，就是要整合各校内外各种力量，通过师资队伍建设、课程体系改革、实践平台搭建等途径，构建有效的创新创业教育长效机制和激励机制，逐步提高创新创业教育的针对性和实效性。

动态性原则。创新创业意识和能力的培养不是一蹴而就的，而高校要精准地进行创新创业指导和服务就更要坚持全程化动态性原则，所谓全程化，就是要有针对性地要将创新创业教育融入人才培养的全过程、各个环节。除针对不同年级、不同创业阶段的学生，持续不断地开展不同的教学内容和实践活动外，如教师在课堂上所表现出的思维模式、教学方法等是否具有创新性，也是影响大学生创新创业精神的重要因素。所谓动态性，就是要构建校、院（系）、班级三级联动的创新创业动态管理机制，要在普查全校学生的创意、创新、创业、发明和发明专利项目的基础上，建立大学生创新创业项目库和创业实践团队项目库，定期跟踪了解项目运行情况和团队合作情况，准确掌握大学生创新创业的意愿和最新状况，并适时介入开展精准指导服务。

三、高校创新创业精准指导和服务的主要措施

充分发挥政府、高校和企业之间的协同作用。为了提高创新创业指导和服务的质量与水平，政府、高校和企业之间应深入合作，构建多层次、立体化、全覆盖的教育机制，促进创新创业教育的全面发展和精细化发展。高校要充分发挥其主体作用，积极与政府和企业合作，推进政策、资本、科技、人才、市场等要素的不断融合，为学生创新创业提供全方位的指导和服务。如与政府共同打造公共服务平台，包括知识产权服务、财务、项目推介等政策咨询和服务等，联合举办创新创业服务进校园、各类创新创业大赛等大型活动，确保创新创业扶持政策落地。此外，学校可加强与企业间的合作，通过共建校企实训基地、订单班等，让企业走到学校、把课堂建在企业，实现理论与实践的无缝对接，从而提高学生的创新创业意识和能力，推动更多的学生成功创业。还可吸引创新创业资源进校园，解决学生创业融资难问题。

建立一支多元化的创新创业师资队伍。要开展精准化的指导与服务，建立一支专兼职结合的创新创业指导和服务教师队伍是关键，一是培养具有管理学、创新学等知识背景或实践经验的教师，使他们能够根据不同年级、不同专业学生的特点设计教学内容，采取课堂讲授、"翻转课堂"、专题讲座、实战训练相结合的教学模式，满足不同学生的创新创业理论和实践需求。二是选派教师到企业进行项目实践进修、顶岗锻炼、挂职服务等，全面提升创业教育教师的专业内涵，同时鼓励和支持教师进行创新创业实践，大力支持教师从事产学研活动和开展科技创业活动，依法申请创办科技企业、教师工作室，体验创业实践全过程，不断提

高教师指导大学生创业实践的业务能力和水平。三是选聘成功创业校友、知名企业家组建"大学生创业导师团",用自身成功创业经历对学生创业实践过程中的经营管理、政策咨询、行业技术等创业实操问题进行解答和指导。

构建分层次的创新创业课程体系。高校在追求精准化指导与服务的过程中,应在全校范围内按照年级、专业和方向设置有差别的教学内容,实现创新创业教育与专业教育相结合、激发创新创业热情与掌握创新创业技能相结合,同时遵循学生身心发展规律和教育教学规律,构建多层次、立体化的理论课程体系,将创新创业教育理念和创新创业人才培养理念渗透到教学大纲、课程设计、课程考核等环节中去,如对理工科学生可侧重创新创业技能的提升,文科学生则偏向创新思维的培养,同时重视跨学科、专业综合性课程的开设,激励学生文理兼收,努力拓展他们的专业基础知识,增强通识教育。再者,针对不同年级的学生,开设入门、应用等不同的课程类型,针对低年级学生,设置侧重创新的课程内容,重点开发学生的创新意识和能力,激发创业潜能,传授基础性的创新创业知识。高年级学生的课程要侧重实用性,特别是针对正在创业或创业成功的学生,开设《创业管理》《创业营销与市场调查技术》等课程,引导学生了解创业的基本流程,以及市场营销、运营管理方面的知识,帮助学生掌握创业成功或企业运营的方法和技巧。

搭建多样化的创新创业教育实践平台。作为一项系统工程,高校创新创业教育应坚持"资源共享、优势互补、合作共赢"原则,努力为学生搭建多样化的、开放式的创新创业实践平台。一是充分发挥创新创业类学生社团的重要作用,通过举办创业沙龙、创业论坛、创业大赛、创业培训等,使学生了解创新创业政策、创业流程等基础知识,同时加强相互之间的交流与合作。二是组织开展形式多样的创新创业活动,通过"挑战杯"、GYB培训等,实现理论和实践的无缝衔接,引导学生用学到的方法和技巧分析和解决现实中的问题,提升创新创业能力;通过项目路演、创业训练营等,对创业项目实施精细化管理,为他们提供项目诊脉、融资指导、合作交流等,帮助学生解决在创新创业过程中遇到的核心问题和困难。三是加强创新创业类园区建设,为学生开展创新创业实践提供必要的场所,出台优惠政策,将创新创业实践、创业指导与创业孵化相结合,提高园区接纳学生实习和项目孵化的能力,提高学生的实践和实操能力,同时加强省内外校际之间的合作交流,实现师资、实训基地、孵化基地等资源的有效共享。总之,就是要通过这一平台,把专业教育、实习实训、社会实践、创新创业结合起来,全方位、多角度地促进创新创业人才培养。

第三节　校企合作模式的高校服务创新

校企合作建立长期的、稳定的合作关系，不仅是建设创新型国家的客观需要，也是企业自主创新不断提高的客观需要，也是高校不断提高科技创新和人才培养紧密结合的客观要求。本论文选题主要以高校与企业的合作为研究载体，通过对校企合作过程中影响技术创新能力的因素进行实证分析，得出对其影响较大的因素，进而制定提升对策，促进校企合作技术创新能力提升。

现代企业的发展趋势是向更具竞争性以及创新性的方向演进，众多学者的研究表明现代企业正在逐步融入全球市场的网络之中，在网络中，企业可以在充分共享现有技术知识的基础上开始自己的创新活动，从而降低企业独立研发的成本与风险，同时也使得创新成果能够更为有效的契合市场的需求。因此，能否进入这个网络成为企业进行创新，获取竞争优势以及长期战略竞争能力的根本途径。Chesbrough 将这种创新模式称为"开放式创新（open innovation）"，其意义可以被定义为企业与外部的创新源进行合作开发出新产品或服务的过程，这些外部创新源包括了供应商、客户、科研结构乃至是企业的竞争对手，企业通过与这些市场主体的合作完成创新活动。在后金融危机时代，全球多数国家都面临经济增长速度放缓的压力，因此各国政府都致力于通过鼓励企业与高校等科研机构进行技术研发等多方面的合作从而提升本国经济的国际竞争力。作为国家创新系统基石的高校，在人才培养与尖端科学研究等领域也因此背负了更多的使命和责任。校企之间的合作推进了产学研相结合的发展模式，也为新知识、新技术的迅速扩散及运用提供了便利。

校企合作科技创新能力是指企业与高校在科技合作过程中在某一科学技术领域具备发明创新的综合实力，包括合作技术水平、研发沟通水平、科研设备、创新投入等四种能力。

合作技术水平是科技创新最基本的条件。主要包括专业技术知识、技术成熟度及在国内外领先程度等因素；研发沟通水平主要包括两方面。一方面指科技人员及单位从事某一领域科技攻关研究开发成功的经验、成果和开发的时间，主要包括项目的技术流程、管理流程、开发成果、利益分配体制等因素；另一方面是指合作单位之间及科技开发人员之间为完成开发项目而做的交流。主要包括网络交流平台、准确理解对方信息等因素；

科研设备是本单位开展科研试验需要的软硬件设施。主要包括机器设备、技术软件等；创新投入是指本单位开展科研试验和相关活动需要的经费投入。主要包括前期开发项目的投入资金量、占销售总额比重等因素。

在如今全球化的信息发展时代，科技创新对任何一个国家乃至整个社会都起着越来越显著的作用。科技与经济的相互渗透和影响，已经成为如今信息高速发展的重要特征。

作为科技创新的主要途径一产学研合作能够整合社会资源，实现科技、教育与经济的结合，已经成为科技经济发展的必然趋势。目前校企合作通常是指各大高校与大中型企业之间的合作，按照互惠互利、责任共担、优势互补的原则，以技术协议为基础，按照彼此的优势承担技术创新的各阶段所需投入的资源，共同合作开展技术创新的行为。从世界发达国家校企合作科技创新来看：加强校企合作为促进科技成果转化和各行业具有技术核心竞争力的重要保障。校企合作的成功与否，已经在很大程度上取决于一个地区乃至一个国家的科技创新水平。在当今竞争日益的社会中，全面推进校企合作是提高我国科技创新能力的迫切要求，也是顺应当今科技与经济的发展趋势。

一、研究背景

本节以服务企业作为研究对象，关注于我国服务企业创新活动对高校的依存度问题。中国经济近年来的发展对服务业的依存度呈上升的态势，2011年第三产业在国民经济中所占比重达到了43.3%，在世界主流国家中这个比重处于中游水平。但与之对应的是在"十一五"期间，我国各年用于服务行业创新研发费用占国家拨付科技研发总费用的平均比重为11.9%（根据《中国科技统计年鉴》整理），该指标远低于世界主要工业国（根据 OECD(2008)，Main Science&Technology Indicators 的统计，发达国家平均水平约在30%左右，其中美国该指标为34.4%，欧盟国家平均值为26%，澳大利亚39.9%，亚洲的日本为32.1%，韩国25.3%），从这个角度来讲，在我国，第三产业科技创新投资与经济发展依存度之间的矛盾是非常尖锐的。而且正如段小华和柳卸林指出的那样，我国服务业的 R&D 的特点是投入较少且集中于事业单位，信息技术、金融服务、现代物流配送等知识密集型服务业的投资主体是企业的自主投资，换言之在科技含量较高的服务产业中，来自官方的投资是比较有限的，主要依赖民间的企业投资，限于资金不足，诸多企业创新研发活动主要通过研发成本相对较低的高校来完成，科研院校逐步成了这些行业产品及服务创新的重要来源。但目前企业对于高校创新平台的依存度是存在差异的，例如信息金融、网络销售等现代服务业与高校之间的合作显得较为频繁，在一些本专科高校中开设一些之前没有相关专业方向及课程，例如物业管理、物流配送管理、连锁化经营服务等，而且现代服务企业近年来我国高校毕业生就业的一个主要方向。相对而言，一些传统的服务行业发展较为缓慢，校企合作的力度不够。当然，对一家企业而言，影响他们选择高校进行创新程度的影响因素是很多的，我们希望通过本节的研究去探索这些影响企业对高校创新平台依赖程度的因素。目前对于校企合作创新，国外的研究基本上是针对工业制造等部门而展开进行的，对于服务业进行的研究则相对比较稀缺，近年来国内几乎就没有对高校服务创新的研究成果。因此本节的研究有助于对我国该领域研究的开启，其研究结论也是对高校创新理论内涵的一种丰富。

龙立荣和李霞认为：合作主体水平和科技创新的成功形成显著的线性关系。相关分析表明，科技成熟度与成功合作创新之间不存在显著的线性相关关系，合作双方的科技（知识）差距与成功合作创新之间也不存在显著的线性相关关系。合作沟通水平与企业高校成功合作创新存在正相关的关系。合作外部环境与成功合作创新之间的典型相关系数值没有达到显著，因此，政府和中介在高校与企业的合作创新实践中所起的作用较小。王艳丽等认为：转化科技的人才设备和资金、合作的积极性、高校科研人员从事科研的形式、项目的选择和高校的科研人员从事科研的形式、项目的选择和高校的科研能力等五个因素对校企合作效果具有显著的影响。对于企业、高校和政府而言，进行有效的校企合作，必须要选择科学、可行的校企合作形式和路径，根据企业参与校企合作的目的以及企业的实际需求，从这些影响因素出发，制定和实施切实可行的合作创新机制和政策措施，以此提升校企合作带来的整体的科技创新能力。

二、对高校科技创新的影响因素研究

付晔等认为：主要有三个方面：第一：通过校企科技合作，企业可以为高校投入必要的研发资金，从而进一步改善高校的科研环境，为高校的科技创新成功提供必要的保障；第二：通过校企合作，可以促进高校科研人员的研发兴趣，从而提高其科技研发能力，提升高校的整体科研水平；第三：通过校企科技合作，有利于提升高校的科研环境，从而为科技创新的成功提供必要保障。另外认为：校企合作建立长期稳定的关系不但可以提高企业自主创新，而且是高校培养创新型人才的必要途径，因此应鼓励校企合作的长期合作与发展。对企业科技创新的影响因素研究杨东林认为：高校的科技成果转化率不高，约 15% 左右，而企业是提高科技成果转化率的主要途径，因此，政府应该在政策与资金投入上给予有力的支持，使企业能够进一步提高科技成果转化率。随着市场竞争力的加强，企业要保证其科技核心竞争力，企业必须寻求科技创新，而与高校合作进行科技创新是主要的方法和途径。目前约有左右的科技成果转化是通过校企合作完成的。这充分说明，校企合作在促进科技成果转化，推动高新科技产业发展中起着重要的作用。

三、研究的目标与意义

在如今全球化的信息发展时代，科技创新对任何一个国家乃至整个社会都起着越来越显著的作用。科技与经济的相互渗透和影响，已经成为如今信息高速发展的重要特征。

作为科技创新的主要途径—产学研合作能够整合社会资源，实现科技、教育与经济的结合，已经成为科技经济发展的必然趋势。目前校企合作通常是指各大高校与大中型企业之间的合作，按照互惠互利、责任共担、优势互补的原则，以技术协议为基础，按照彼此的优势承担技术创新的各阶段所需投入的资源，共同合作开展技术创新的行为。从世界发达国家校企合作科技创新来看：加强校企合作为促进科技成果转化和各行业具有技术核心竞争力的重要保障。校企合作的成功与否，已经在很大程度上取决于一个地区乃至一个国家的科技创新水平。在当今竞争日益的社会中，全面推进校企合作是提高我国科技创新能力的迫切要求，也是顺应当今科技与经济的发展趋势。

本节在写作之前，查阅了大量研究校企合作科技创新方面的论文和期刊资料，发现作者从不同角度分析证明了影响校企合作科技创新能力的因素，例如：李霞等认为：合作主体水平与企业高校成功合作创新之间存在一个典型相关相关分析表明，科技成熟度与成功合作创新之间不存在显著的线性相关关系，合作双方的科技知识差距与成功合作创新之间也不存在显著的线性相关关系。王艳丽等认为：转化科技的人才设备和资金、合作的积极性、高校科研人员从事科研的形式、项目的选择和高校的科研人员从事科研的形式、项目的选择和高校的科研能力等五个因素对校企合作效果具有显著的影响。进而在合作过程中，加强了这方面影响因素的避免或强化，为校企合作科技创新能力的成功提供了有力的保证。而本节发现，众多论文和期刊作者未从知识共享和相互信任程度两方面影响因素分析，因此本论文从这两方面分析，得出对校企合作科技创新能力影响比较大的因素，提出对策，进而为以后校企合作科技创新的实现提供一定的参考。

对于服务创新行为校企合作的研究在国内尚属首次，所以无论是其设计方法的流程研究以及其教学过程中需要涉及的学科研究都是在教学的过程中迫切需求的。所以在实际教学的过程中将多学科的综合教学作为研究与实践的基础，首先培养学生卫浴设计的专业技能与理论知识。其次，将研究纳入教学实践当中，培养学生具有分析企业创新理论的能力，培养其综合应用所学专业的能力。第三，在实践的基础上，检验教学与研究的正确性，使学生能充分应用所学诸多学科，真正的独立完成完整的校企合作流程战略分析。把多学科的渗透教学应用在课程的教学中，使得更加具有学院特色；服务创新与校企合作是两组多元学科交叉应用的综合性的学科，它是工商管理、公共管理、产业组织理论等诸多学科交叉的综合学科，在教学内容上涉及了诸多方面，在课程的设计与教授上如果能够做到很好的融合。

众所周知，科技创新对于一个国家经济发展具有不可估量的作用，而校企合作科技创新对此有巨大的推动作用。一方面校企合作科技创新在人才——科研——产品—市场和知识创新—技术创新—成果转移—产业化—商品和服务的价值链条中，具有关键作用。另外郭小川等对国内公开发表的年到年间的种学术期刊进行了统计分析，被统计分析的篇相关论文中，观点陈述型和经验总结型的比例占到绝大多数，两者合计为而理论分析型、调查研究型和案例剖析型的比重均很低。因此，对企业高校合作创新的实证研究显得尤为重要。

第四节 高校共青团服务大学生创新创业研究

在"大众创业，万众创新"视阈下，现代高校要高度关注到大学生创新创业改革工作，全面提升共青团组织服务大学生创新创业效能水平。高校共青团要积极转变自身创新创业教育，有效构建出科学完善的大学生创新创业教育实践平台，健全创新创业激励体系，组建高能力、高素质的创业师资队伍，充分发挥出高校共青团服务职能作用，辅助大学生进行更好的创新创业学习。将进一步对共青团服务大学生创新创业展开分析与探讨，旨在为同行业者提供科学参考依据。

2014 年，国务院总理李克强首次提出了"大众创业，万众创新"，其作为中国新常态下经济体制增效升级的"双引擎"之一，是推动中国特色社会主义建设的核心动力。现代高校要正确认识到创新教育的重要性，大学生作为高校创新创业教育的主体，在国家实施创新驱动发展战略过程中起着至关重要的作用。各大高校要充分利用学校共青团的职能优势，结合学校创新创业教育发展情况和学生学习需求特点，有效采取工作改进措施，确保能够最大限度提高服务大学生创新创业综合能力和素养，解决各类大学生就业难问题。

一、高校共青团服务大学生创新创业发展现状分析

常州工业职业技术学院在建校 60 周年来已经成为集教学、科研、培训以及职业技能鉴定为一体的综合职业高等院校，共设有 47 个专业，在校学生达到了 1 万多名。为了响应国家大力发展创新创业教育政策号召，常州工业职业技术学院科学有效地打造了实训平台创新教学模式，在校内建有机电一体化技术实训基地、"互联网 +"商务场景实训平台、数控技术实训基地以及现代制造与维护实训基地等不同实验实训中心，能够充分满足不同专业学生的创新创业学习发展需求，确保学校共青团能够科学引领学生开展多元化的实践实训教育活动，全面提高学生的创新创业能力和素质。

当前较多高校共青团服务大学生创新创业工作水平较为落后，未能够有效构建出科学完善的创新创业教育管理体系。加强对大学生的创新创业学习指导工作，高校往往只关注到自身办学规模和招生人数的持续扩大，一定程度忽视了学生未来就业问题，缺乏在大学生创新创业实践教育工作上的投资力度，难以保障各项创新创业工作环节顺利地开展。基于"大众创业，万众创新"视阈下，高校共青团服务大学生创新工作发展要与时俱进，跟上时代前进的脚步，学校要积极引进先进的创新创业教育方法和技术设备，有效丰富大学生的创新创业就业渠道，为学生提供多元化的实践实训机会，满足学生不同的创新创业学习需求，推动高校创新创业教育稳定持续地发展进步。

二、共青团服务大学生创新创业的优势和作用

优势分析。现代高校在大力发展创新创业教育工作过程中，要科学正确认识到共青团服务在大学生创新创业的重要优势，优势主要包括以下几方面内容：①凸显活动优势，构建创新创业教育发展平台。高校共青团在大学生创新创业中最为显著的优势之一就是其活动优势，共青团能够通过组织开展多元化的学校活动，有效为学生提供展现自我才华能力的创新创业发展平台。共青团组织开展的活动具有形式多样、主题鲜明以及影响力范围广等特点，活动覆盖了教育、科技、实践以及就业等多方面内容，能够吸引到众多大学生，满足学生参与活动的不同学习体验需求；②利用组织体系优势，提供组织保障。在高校教育长期改革发展过程中，各个地区高校早已形成了科学完善的共青团组织体系，无论是学校、学院，还是年级、班级都逐步组建起了完善的团组织，具备良好的覆盖性。共青团服务大学生创新创业，能够充分发挥出其健全组织体系的作用，团组织团员之间能够及时进行沟通交流，促使能够充分掌握了解学校内部学生的思想发展动向和创新创业学习需求特点，从而有针对性地开展创新创业活动，为大学生创新创业提供强有力的组织工作保障；③发挥资源优势，提供资源支撑。高校共青团由于自身工作特性，会积累到众多各式各样的资源，主要包括了技术资源、人脉资源以及活动资源等，在大学生创新创业发展工作中，共青团能够发挥出这些资源优势，为广大学生开展创新创业实践活动提供强有力的资源支撑。高校共青团在日常工作中接触面广，会和不同政府机构部门、企业单位以及协会组织进行合作，所以共青团组织能够为大学生进行创新创业提供完善的政策支持、技术支持以及政府企业人脉支持。

作用分析。高校共青团服务大学生创新创业的职能作用主要包括了以下几方面内容：①先进理论文化培训作用。在大学生创新创业服务工作中，共青团能够利用自身先进理论文化培训作用，组织学生开展丰富有趣的创新创业理论文化培训学习活动，促使在校园内营造出浓厚的创新创业学习氛围，培养学生良好的创新创业理论能力和素养。例如，高校共青团可以通过组织大学生开展"创新创业论坛"活动，让大学生之间进行相互交流沟通，邀请创新创业专家对学生进行理论实践指导，有效打破大学生传统封闭的创新创业思想观念，全面提高大学生创新创业理论学习深度和广度；②综合能力提升作用。在大学生创新创业发展工作中，高校必须高度重视培养学生良好的创新能力和实践能力，散发学生在创新创业实践学习中的思维。基于共青团组织服务工作辅助下，能够有效为广大学生实践能力培养搭建起创新创业平台，让学生在实践活动中提高自我创新实践能力，体验各种创新创业活动内容，汲取到丰富先进的创新创业知识和经验，从而起到强化锻炼学生创新创业综合能力的作用。

三、"大众创业，万众创新"下共青团服务大学生创新创业的措施

完善创新创业保障机制，科学搭建服务平台。基于"大众创业，万众创新"视阈下，高校共青团服务大学生创新创业工作需要加强对服务保障机制的优化改善，充分发挥出共青团各项资源优势作用，为广大在校学生搭建起创新创业实践服务平台，并联合社会企业、协会组织单位共同推动本校创新创业改革工作发展，为大学生创新创业活动开展打下扎实的基础。此外，政府部门则要发挥出自身在高校学生创新创业保障机制构建过程中的主导作用，确保能够为高校学生开辟出丰富的创新创业综合服务渠道，引导学生通过各种渠道进行创新创业服务咨询，不断提高自身创新创业综合能力。高校要结合自身实际发展情况和条件，适当加大对搭建创新创业服务平台的投资力度，积极引进和应用先进的信息技术，共青团工作人员要利用好技术资源优势，通过将信息技术融入创新创业服务平台搭建工作中，能够实现服务平台信息化水平的进一步提升，促使能够及时为广大学生推送传递创新创业服务信息，完善平台操作界面的各项功能，满足学生对创新创业学习的各项需求，能够从平台中获取到自身想要的价值信息。

健全创新创业服务组织，明确共青团服务角色定位。在大学生创新创业发展工作中，高校共青团要想提高服务大学生创新创业工作的实效性，就必须首先明确自身服务角色的定位，每个工作人员要坚决履行好自身的职责，充分认识到服务大学生进行创新创业实践活动的必要性。共青团工作人员要坚持以生为本的创新创业服务原则，科学有效寻找到服务大学生创新创业的切入点，深入挖掘创新创业服务资源，不断扩展大学生创新创业实践能力提升的发展路径。共青团工作人员要积极转变自身的思想观念，加强服务创新工作，有效将高校大学生创新创业纳入到学校共青团核心工作内容中，并将大学生创新创业实践教育与共青团组织活动有机结合在一起，充分调动起在校学生参与创新创业活动的积极性和主动性。

高校共青团在服务大学生创新创业发展工作上，还需不断健全创新创业服务组织，确保能够建立起多层次的立体化服务组织。例如，围绕学校层面构建的"大学生创新创业咨询服

务中心"，围绕学院层面构建的"大学生创新创业服务站"等，能够发挥出不同学院共青团组织的优势作用，优化整合学校共青团组织的各项资源，将不同组织的资源优势最大化体现出来，从而进一步健全大学生创新创业立体化服务体系，能够为学生提供完善的创新创业服务工作内容。

深化创新创业培育路径，创新共青团服务模式。高校共青团要想满足学生对创新创业实践的学习需求，提高学生创新创业的综合能力和素养，就必须积极深化学校学生创新创业的培育路径。高校共青团要借助学校文化阵地以潜移默化的方式去感染到每个学生，促使学生能够对创新创业产生浓厚的参与学习兴趣，发挥出学生创新创业学习的主观能动性。高校共青团可以通过利用学校文化优势，科学有效将大学生创新创业教育与学校特色文化建设融合在一起，达到深化大学生创新创业培育路径的目的，在多元化的校园文化组织活动中融入创新创业思想理念，能够有效培养出大学生良好的创新创业意识和思维。例如，高校共青团可以通过组织引导广大学生参与到"大学生创新创业沙龙"实践活动中，让学生充分体验感受创新创业沙龙文化，汲取到先进的创新创业文化知识和经验，发散学生的创新创业思维。

高校共青团还需积极创新自身的服务工作模式，不断提高大学生创新创业服务工作水平。例如，高校共青团可以通过综合采用多对多模式、一对一模式以及一对多模式等，结合学生实际需求特点创新培训教育服务模式，确保能够为广大学生提供科学高效的个性化创新创业培训服务和跟踪服务。

拓宽创新创业成果转化渠道，加大师生教育培训力度。高效共青团要展开对不同学院学生创新创业实践学习情况的科学梳理工作，充分掌握了解本校学生创新创业的特色与优势，并通过加强与师生的沟通与联系，根据师生反馈的需求信息组织开展对应的创新创业实践学习活动。为提高师生在创新创业实践中的成就感，高校共青团要利用好自身的优势，积极拓宽师生创新创业成果转化渠道，大力宣传学生创新创业的各项成果，让成果在社会范围内的影响力进一步提升，有利于帮助学生建立起良好的创新创业自信心，推动高校创新创业工作稳定持续地发展。

高校共青团要加强对广大师生创新创业的教育培训工作，引导广大师生参与到不同创新创业实践活动中。共青团可以通过组织学生参与到社会实践、主体考察等活动中，让创新创业活动指导教师带领学生到社会优秀企业、单位机构进行创新创业学习，促使学生在该实践学习过程中掌握不同的创新创业方法和经验。同时，高校共青团要发挥出产学研教育模式的作用，加强与市场优秀企业的合作联系，共同开展职业员工培养、科学研究等多元化的创新创业活动，让学生在创新创业活动中不断强化锻炼自身综合能力和职业素养，促进学生创新创业学习的全面发展。

综上所述，在"大众创业，万众创新"背景下，高校共青团要正确认识到自身服务大学生创新创业的优势，充分发挥出各项资源的作用，为大学生有效搭建起科学完善的服务平台。共青团要优化改善服务工作机制，健全服务体系，创新服务工作思想理念，为学生提供丰富的创新创业服务渠道，确保能够为学生解决各类创新创业问题。

第五节 "互联网+UFRP"创新高校财务服务

高校财务部门通过资金管理、预算资金分配、提供财务专业咨询等业务为学校及广大师生提供财务服务。高校财务服务面对的是广大教职员工、学生、外部投资单位和上级主管部门，包括日常业务报销、薪酬业务办理、财经法规咨询等为师生员工提供常规服务。随着我国高等教育的快速发展，推进了高校内涵式发展模式，新的经济业务的出现，资金来源也从单一靠政府拨款向多渠道融资转变，债务结构也发生了相应变化，加之校企合作、高层次人才引进、对外交流等日益增多，使财务人员的业务量越来越多，工作难度越来越大，这些都对高校财务服务工作提出了更高的要求。因此，为了提高工作效率，高效处理和利用数据信息系统已成为高校财务管理和服务的重要内容，特别是在互联网发展新趋势下，高校财务更要不断创新管理，改变观念，以全新的互联网思维构建"互联网+UFRP"创新高校财务服务模式，完善大数据处理，促进财务信息公开程度，提高高校师生员工满意度。

一、现有高校财务服务模式存在的问题

高校财务工作的主要服务对象是教师、学生、各学院、机关处室等教辅、科研人员，面对新形势、新环境，高校财务部门也制定出一系列管理和服务政策、流程，但总体来看，仍存在以下共性问题：

（一）信息不对称，财务与师生之间缺乏有效的信息沟通渠道

高校财务部门主要通过官网来发布、传递与财务相关的政策、流程，但对于发布的财务新政策文件没有及时做好相关宣贯，师生主动上网查询财务政策的自主能动性较低，因此，当师生办理财务业务时，通常首先会咨询财务人员相关政策与流程。如果过多地依赖财务人员的口头解答，则一方面可能由于不同的财务人员对政策或流程的理解不一致、解释不到位等原因，师生员工未真正了解相关财务政策、流程，师生员工为办理某一项业务而多次往返财务部门及相关职能部门，加上排队等候花费大量时间，造成师生员工不必要的麻烦，也容易产生不满情绪，从而降低了对财务服务的满意度。另一方面，对于财务人员而言，新经济环境下工作量极大，每天在处理复杂财务业务的同时，仍要随时现场解答师生对于各种财务问题的疑问及对财务政策的咨询；由于正常工作被打断且不断重复叙述相类似的问题及涉及的财务政策，极易产生疲劳厌烦情绪，结果导致了财务服务质量下降。经调查数据显示，有约50%的师生认为其没有有效途径反映所遇到的财务问题，甚至已反映的问题也存在不解决或解决不够及时的情况。

（二）财务服务模式及体系不够完善，服务手段欠多样性，影响财务服务效率和质量

计算机信息技术和网络技术及现代通信技术的发展和运用，促进了高校财务信息化水平的不断提高。以财务日常报账业务为例，为了解决财务大厅排队等候，提高财务服务工作效率，高校财务优化了服务流程，应用"网上自助报账系统"与"无现金支付系统"等以实现"无等候报账"和"无现金交易"等财务服务模式。"网上自助报账系统"需要师生员工自行在网上填报相应的报销信息。但由于自助系统未能将财务信息、人力资源信息、审批流程及填报帮助信息有机结合，使师生员工对日常经费报销、酬金申报等业务的报账规则、签章要求、所需支撑材料等仍不了解，仍无法从报账系统中获取报销项目所须完善的手续、完备的资料等信息，造成师生即便顺利完成报账预约后，仍会由于交单、返回补充材料等原因往返于财务及各职能部门，从而对这一新生财务服务模式产生抵触心理；其次，在财务人员接到单据审核不符合要求时，还需要以电话、短信等方式逐一通知报账人员，导致财务人员被过多地占用工作时间来提供重复服务，在折损财务服务价值的同时，也大大影响了服务效率和质量。

二、创新高校财务服务模式，构建全方位的高校财务服务体系

针对高校财务服务模式存在的问题，高校财务除秉承原有的服务模式外，在大数据时代，通过创新服务模式，完善全方位的高校财务服务体系，才能提高高校财务的内控及服务水平，实现高校财务精细化管理。

（一）完善 UFRP 系统，优化高校财务服务模式

UFRP（University Finance Resource Planning）大学财务资源管理系统，是集成综合收费系统、支付系统、会计核算系统、财务决策监管系统等高校一体化财务信息管理系统，教职工和学生通过统一的身份验证和相应权限分配，可在 UFRP 系统中及时查询学费收缴情况，查询个人工资、酬金、个人所得税情况，查询个人科研课题经费到账、使用、结余情况以及网上预约报账单据财务处理情况等，UFRP 系统与银行及国库接口，完善无现金支付；为了更好地满足高校发展需要，要有效集成、整合并完善 UFRP 系统。例如，对于日常工作量较大的报账问题，虽然可在网上申报，审核工作仍需师生将单据交到财务部门，当发现各种不符合政策、流程等问题时，师生仍然要来回跑财务部门和相关职能部门补齐各种手续。财务部门可采取如下步骤：（1）将网上预约填报时对应事务的财务政策及申报流程内嵌于对应填报的系列，以电子表格等方式呈现，在线提示报账人应完善的资料，让报账人清楚所报项目对应流程及所需材料，报账人通过扫描原始发票及审批文件等报账资料上传至 UFPR 系统；（2）财务人员在线审核，并按照相关报账流程在电子预约单相应栏反馈报账材料是否完善；（3）报账人在确认初审无误后再将报账资料完整地送至财务部门；（4）同时，财务部门与各职能部门之间实行系统数据互通共享，涉及职能部门签章审批的业务将在电子预约单相应栏内嵌入职能部门链接；（5）审批流程可实时追踪，通过 UFRP 完成申报及预审，申报人可实时了解预审、审批流程的进展情况。通过这些措施，可避免师生员工为了报账一趟趟"跑财务"、跑相关

职能部门的问题，让师生办事"只进一扇门，只跑一趟腿"，形成多角度财务信息公开及发布，实现高校一体化财务管理，优化财务服务模式。

（二）通过"互联网+UFRP"创新财务服务模式

"工欲善其事，必先利其器"，服务手段的先进与否决定了服务质量的好坏。财务部门要实现及时全面发布财务信息，在财务部门现场设置包括政策信息、报账须知、个税计算等信息的纸质报账手册，报账大厅滚动播放报账流程、新政策信息等传统信息发布方式，能供师生员工现场报账时临时查看，流程、政策直接地展示，减少财务人员重复回答师生问题。"互联网+"时代象征着社会进步，在保证信息系统及网络安全的前提下，充分利用"互联网+UFRP"模式，构建多部门、多级联动、规范透明、资源共享、业务协同的网上财务服务体系。师生员工可以在线实时查询科研资金到账、使用及结余情况，网上预约报账、网上酬金申报模块与财务核算系统的互联互通，及时了解个人经费使用明细。通过UFRP各模块数据整合，增加网上互动咨询模块，在线及时解答师生报账常遇到的疑问；利用"互联网+微信"公众平台，财务部门将出台的新政策、流程、网上操作视频、培训视频等及时公布于UFRP相关模块，同时增加微信公众号发布，将新政策、流程及时通过短信或微信公众号推送等方式告知师生，让师生员工可以随时、快速查询有关财务新政策、报账流程等信息，改变信息服务单纯依靠一对一、面对面交流，避免信息不对称的矛盾产生，扩大财务信息宣传的覆盖面。通过这些多渠道的信息交流和沟通，不断完善财务管理，优化、改进财务服务流程，为广大师生员工提供个性化财务服务，提高财务服务质量。

高校财务服务工作，需要各部门之间相互配合，要求精细的管理工作，通过"互联网+UFRP"创新高校财务服务模式，是高校数字化校园的重要组成部分。通过科技手段集成、整合大数据，建立信息交互平台，创新师生员工与财务的业务咨询、信息交流和意见反馈的途径，形成更高效、更迅捷、多元化、全方位的高校财务服务模式。

第四章　高校档案服务创新研究

第一节　高校档案服务地方历史文化

　　档案具有信息资源和历史文化资源"二重性"。高校档案作为教学、科研、管理活动的一种文化成果，"以档案为基础，围绕档案活动为中心所产生的一切物质的和非物质的东西，都是档案文化"。近年来，各高校档案管理已经突破了校园"藩篱"，从社会大众的需求中找寻档案工作方向和档案文化活力，加大校园档案馆藏资源建设，推进地方文化繁荣发展，推进文化强国战略。高校档案馆作为区域公共文化机构之一，是馆藏历史文化资源的重要场地，除了可以发挥其为高校教学、科研、管理，以及师生服务的需要外，理应充分利用其自身优势，打造文化"产品"，为地方历史文化研究提供好服务，拓展高校档案管理的外延和内涵。

　　一、高校档案在地方历史文化中的特色

　　地方历史文化是指地域历史上存在的思想认识及其物化状态。其中，物化状态可包括图书（知识性历史文化）、文物（如高校历史建筑，属实证性历史文化）、档案（记录性历史文化）。高校档案在地方历史文化中扮演着重要角色，具有原始性、具体性、普遍性等特点。

　　具有地方历史文化原始性。高校档案是在日常教学、管理、建设和科研过程中直接形成的历史记录，包括公文、会议记录、名家名作手稿、建筑等，这些活动在其形成之初便具有最真实、最可靠反映高校活动的原始形态。例如，各高校在建筑方面，承载着明显的地域文化特色，厦门大学中的许多建筑具有南洋风格，以及闽南客家文化传统；武汉大学老建筑群15处26栋建筑被认定为"全国重点文物保护单位"，等等。这些都成为研究地方历史文化提供了宝贵的原始素材。

　　具有地方历史文化具体性。高校档案是采用最概括、最抽象的图像、文化、实物等形式记录其发展历史，也是在具体教学事件及师生人物活动形成的，因此，高校档案的内容和形态都是具体的、明确的。它们很多是地方历史文化研究的生动具体素材。例如，南阳师范学院根据其史实拍摄的《相约卧龙岗》，展现了大批学校专家学者和优秀学子的风姿，这些人物也是研究一个阶段或时期地方历史文化的鲜活、具体的资源。

　　具有地方历史文化普遍性。高校档案包括从其组织机构成立之初，至存在于当前的所有具有保存价值的历史记录。档案的产生具有连续性，是一个展现高校从小到大、从弱到强的全过程记录。高校档案记录的普遍性使其成为整个地方历史文化纵贯古今、横连八方的重要组成部分。

二、高校档案是地方历史文化资源的载体之一

功能：承载地方历史文化记忆。作为不同时期的教学、管理、科研等社会历史记录的高校档案，是伴随着教育事业改革、发展过程中不断总结积累、创造出的丰富文化最具保存价值的部分，是高校自身有意识的历史资料留存。高校作为地方教体卫的重要场所，是存储、积累地方历史优秀文化的重要场所之一。高校档案不仅为自身教学、科研及管理提供依据、凭证和现实参考外，还成为地方修史修志的可靠资料来源，成为"今世赖以知古，后世赖以知今"的地方历史文化资源，成为构成地方历史文化产品的最重要初始原材料之一。

内容：属于地方历史文化资源。依据《高等学校档案管理办法》规定，高校档案包括了党群类、行政类、学生类、教学类、科研类、基建类、仪器设备类、产品生产类、出版物类、外事类、财会类，涉及教育、教学、管理、文化等多个方面，也是这些领域的最真实历史记录，凝结着高校发展以来的集体智慧、经验和知识，其中，许多档案资料还反映出了不同的地方文化内涵和地域历史概貌，是地方历史文化发展的真实记录和重要组成部分，是极其宝贵的文化遗产和文化资源。例如，西南地区一些高校档案馆收藏了许多在贝叶、白棉纸、布帛上书写的傣族档案史料，它们成为研究地方傣族历史文化的重要资料。

属性：档案馆属科学文化部门。高校及其档案馆具有教育、文化的本质属性。尤其是高校档案馆本质属性中的文化性在当前显得更为突出。《档案法》及教育部发布的相关规定，都明确指出：档案馆作为党和国家科学文化事业机构，是永久保存档案的现实基地，也是高校科研、教学、档案利用的史料档案馆藏中心，维护着高校历史发展的真实、本来面貌。这也相当于从法律领域界定了档案馆的文化属性。近年来，高校档案馆逐步扩大了开放程度，采取积极"走出去"战略，文化属性更为明确和凸显，加强高校档案馆在地方历史文化中作用的发挥，也更有利于推动高校自身档案馆事业的发展。

三、高校档案文化资源建设在地方历史文化中的契机

认识层面，"文化资源观"成为自觉。高校档案文化作为一种宏观档案新思维，已经受到了档案界的高度重视。以"高校档案文化"为关键词在中国知网进行检索，共找到了638条搜索结果，这也表明，高校档案文化已成为档案界重视和关注的领域，随着对其研究的日趋深入，档案资源观、文化观成为业界共识。

法规层面，"档案文化"纳入战略目标。《档案法》规定，"档案馆属于党和国家的科学文化事业机构，是永久保管档案的基地，是科学研究和各方面工作利用档案史料的中心"。高校及地方档案部门逐渐放开，档案馆的文化功能得以强化。地方政府也纷纷提出文化强省、文化强市战略部署，加强地方历史文化建设，使高校档案在推进社会主义核心价值体系建设、文化大发展、大繁荣中的功能和作用得以确认和巩固。

管理层面，"档案资源"呈多元记忆发展。随着高校教育事业改革的深入，以及公众利用档案内容不断变化，高校档案馆纷纷对其馆藏结构及比例做出了相应的调整，在当地"非遗""记忆工程"的推动下，高校档案工作者从之前的"文化自在"上升到"文化自觉"，"重

物轻人"向"以人为本",关注"人"的文化需求。除了收集高校教育、科研、管理等档案资料外,还征集到许多地方民间团体、社会组织及个人的档案资料,高校档案资源结构从"官方记录"为主逐渐向多元记忆发展,深度介入到地方历史文化建设之中。

四、高校档案服务地方历史文化研究途径

前提:优化馆藏档案资源结构。近年来,随着高校档案工作日益受到重视,高校档案文化资源结构得到了一定程度的改善,但从服务地方历史文化的功能角度来说,还需要丰富文化类,尤其是地方历史文化的档案资源,即结合当地社会重大事件、文化主流需要,及时做好相关领域的档案征集工作,不断优化档案资源结构,使其服务于地方历史文化研究。

关键:积极融入地方历史文化研究。由于教育行政管理体制以及档案工作体制中不同程度地存在着行业之间、部门之间的条块分割状态,使得高校档案在服务地方历史文化研究中还存在着诸多壁垒。高校档案馆常处于一块"遗忘的角落"。这就需要使高校档案馆融入地方历史文化研究中,地方文化事业发展部门应将高校档案工作纳入到地方文化事业发展规划中,给予人、财、物等重视和支持。高校档案馆应积极作为,主动发挥其专业优势和馆藏资源特色,发挥其在地方历史文化研究中应有的功能。

重点:加快高校档案文化资源数据库建设。随着信息技术的应用,为满足人民群众对文化生活的更高需求,以及利用模式的转变(人们获取信息的途径和阅读的方式都发生了深刻变革),碎片化、电子化以及网络阅读模式和途径已经成为人们阅读和获取信息的重要渠道。因此,高校档案管理部门应加大馆藏档案资源的数字化、信息化和网络化,加强与地方文化行政主管部门之间的合作交流,共建面向公众的地方文化资源公共服务平台,丰富地方历史文化特色内容的资源数据库,将馆藏档案资源,尤其是展示地方历史文化的档案珍品、文化精品及时上传至数据库,建立开放的、无边界的档案资源利用平台,发挥高校档案在地方历史文化建设中的价值,提升公众文化素养,传承、弘扬地域历史文化精髓。

第二节　信息环境下的高校档案服务

在信息环境下,针对高校档案服务中存在的一些主要问题,探讨其解决策略具有重要的现实意义。本节中将主要围绕信息环境下的高校档案服务策略问题展开探讨。

高校档案管理是一项复杂性、持久性的工作,不仅记载着学校的办学历史,还记录着每一位师生的德能勤绩,是我国档案事业中不可或缺的组成部分。高校档案信息服务希望以最便捷的方法来提升档案管理工作水平,更好地维护学校真实面貌,这就向高校档案管理人员提出了较高要求,要努力提升服务水平,适应信息化发展的要求。

一、高校档案服务工作中存在的主要问题

档案服务数字化程度有待增强。现阶段情况来看，高校档案管理已经逐渐步入现代化、规范化管理模式，信息技术也得到了广泛应用，但只是停留在统计与记录的层面上，计算机的许多优秀功能并没有得到有效利用。究其原因，在于高校在进行档案管理过程中，并没有意识到开发与运用计算机软件的重要性，数字化程度不高，严重影响到服务速度与质量。

档案服务人员专业素养有待提升。近年来，信息技术在档案管理工作中的应用越来越广泛，管理人员也面临着前所未有的挑战，对他们的综合素质提出了较高的要求。高校档案管理活动中，都享受到信息技术的便利，但也只是局限于复印和查找资料，更多的优势并没有发挥出来。同时，更要认识到自己从事工作的重要性，在提高专业素养的同时，增强责任心与使命感，但我国高校档案管理工作几乎都遭遇了人才瓶颈，成为信息化档案管理过程中最薄弱的环节。

档案信息服务评价体系有效性不足。伴随着高校规模的不断扩张，档案管理发挥出越来越重要的作用，服务质量也倍受关注。在实际操作过程中，信息服务评价体系明显不够完善，问题主要集中在两方面：一方面，部分学校没有充分利用好档案，档案保存失去了应有的意义，无法帮师生解决实际问题，有些学校建立了档案信息服务评价体系，但由于指标的不健全，没有发挥出应有的作用。另一方面，信息服务评价体系没有得到有效落实，形同虚设。

二、信息环境下的高校档案服务策略

创新高校档案服务方式。从档案服务角度来看，以档案查询与借阅为主，在信息时代，智能手机成为人们生活的必需品，人们获取信息不再受到时间与空间的限制，档案管理也要与时俱进，在传统服务项目的基础上，增加电话查询、实时咨询、网络查询、远程检索等服务。在网络信息技术的辅助下，既要帮广大师生解决与他们利益密切相关的问题，也要准确把握用户检索习惯，定期将档案信息、档案编研、新闻事件等信息推送给师生。

建立高校档案服务平台。要想使高校档案信息服务质量提升到新的层次，就要适时构建起科学合理的信息服务评价机制，为信息服务工作提供有力保障。高校要意识到问题的严峻性，在最短时间内理顺档案服务工作，建立全面而高效的服务平台，将信息化管理优势发挥到极致，具体包括如下内容：一是完善的服务指标，明确规定各项服务内容；二是完备的服务制度，增强档案服务的可操作性；三是规范的服务流程，确保服务的高效便捷；四是到位的服务方式，使档案信息趋于完善。

完善高校档案信息服务评价体系。档案管理工作应构建起全面、系统的服务评价体系，使档案管理逐渐步入规范化、科学化发展轨道。档案服务体系应该包括如下内容：一是明确服务指标，对服务项目的种类、服务标准进行规定；二是合理的服务制度，依靠制度的约束与激励，确保服务指标得到有效落实；三是科学的服务流程，严格遵守相关法律法规，提高服务效率；四是先进的服务方式，合理控制服务成本，节约服务时间；五是及时到位的服务手段，满足用户个性化档案需求；六是完善服务评价信息采集，及时建立信息采集点，努力扩大信息采集覆盖面，使信息采集机构趋于合理。除此以外，还要通过各种渠道了解客户对

档案服务工作的满意程度，如调查问卷、电话回访等，为下一步调整服务项目、完善与落实服务评价指标等提供有力依据。

加强档案信息服务队伍建设。档案管理工作极其复杂，档案管理人员不仅要有责任心与使命感，还要有甘于奉献、严谨认真的工作态度，深刻认识到自己肩上的任务有多重，以全面、系统的理论知识充盈自己，不断完善自己的知识框架，以崭新的姿态投入到信息化档案管理工作当中。更关键的是，档案管理人员以国家相关法律法规为行为准绳，深刻认识到信息化管理的优势，踊跃参加各级各类业务培训，自觉收集并保存好档案信息资料，为我国高等教育事业的发展贡献智慧与力量。

在国家建设道路上，高等院校一直肩负着向各行各业输送优秀人才的重任，是新思想、新技术的发源地，对整个社会的思维状态产生了积极影响。在信息化时代，高校档案管理工作必将向着规范化、信息化的方向发展，这也是提高资源利用率、提升服务质量的重要途径。

第三节　高校档案服务机制创新

随着社会的进步和科技的发展，我国各个领域和行业在最近几年都获得突飞猛进的发展，作为我国文化、经济和政治发展的重要标志，高等教育同样也是如此。高校档案管理是高校教学管理中一个重要的组成部分，在当前的新形势下也要做好相应的创新工作，尤其是档案服务机制的创新，档案管理工作人员要对此加以重视，跟上时代的发展脚步，促进高校档案的快速发展。

在新的时期，高校档案服务机制必须要跟上时代的发展脚步，做好相应的创新工作，在此基础上推动新形势下高校档案服务的现代化建设。对高校档案服务机制进行创新，也就意味要不断改革和创新高校传统的档案服务机制，建立适应当前高校各项事业发展的新机制。笔者结合自身的工作经验和理解，就高校档案服务机制的创新谈一谈自己的思考。

一、做好环境的创新工作

环境是一项事业和工作发展的必要条件，是吸引力、创造力和生产力，通常包括软环境和硬环境两个方面。软环境主要指高校的领导对于高校档案工作的重视和关心，档案工作人员自身的综合素质以及高校教职员工所具备的档案意识等；硬环境主要指高校档案管理的相关制度和具体方法、信息资源基础设施以及网络建设环境、先进的设施设备、档案服务场所条件以及档案建设投资等。无论是软环境还是硬环境，与高校档案服务机制都存在着紧密的联系。因此，高校档案管理人员要想创新高校档案服务机制，首先要做好软环境和硬环境的创新工作。譬如，加大对高校档案服务机制重要性的宣传力度，尽可能获得学校领导更多的关注和支持；不断完善相关的档案管理制度，提高教职员工的档案意识；加大对档案管理人员综合素质的培训，使其掌握先进的、专业的档案服务知识和服务技能。除此之外，高校还要不断改善硬环境，加大资金的投入力度，购进先进的设施设备，注重对服务场所条件的改善，为高校档案服务机制的创新营造一个良好的外部环境。

二、做好方式的创新工作

随着科学技术的发展，高校档案服务信息化和社会化也发生了一定的变化。传统单一的、手工的、被动的提供利用方式，将会逐渐被资源共享型、现代化、主动的服务方式所取代。高校档案服务人员要清楚认识到这一点，做好高校档案服务方式的创新工作。第一，变静态的管理为动态的管理。高校的档案资料处在一个隐性的状态，高校教育的改革也在一定程度上提高对档案信息的要求。档案管理人员要在存储的档案中将利用率比较频繁、非常重要的档案抽取出来，主动和行政部门、科研部门以及教学部门共同对有关项目进行研发，将静态的档案文件变成动态化的信息，有效拓宽高校档案服务的范围；第二，变被动的服务为主动的服务。在传统高校档案服务工作中，工作人员一般采取"坐等上门"的服务方式，地点和时间都具有固定性，提供的服务也比较被动。在新时期，高校档案管理部门工作人员要改变这种服务方式，根据老师和学生的不同需求，结合具体的情况提供上门服务，包括档案信息网上信息服务、预约服务、跟踪服务和咨询服务，在此基础上提供档案服务水平。

三、做好内容的创新工作

一直以来，高校档案几乎都是为机关各个部门工作以及学校领导决策提供服务，真正为学生、科研和教学提供的服务相对来说要弱得多。在当前新形势下，无论是在方法上还是在理论上，高校档案服务工作都要和传统的工作有效区别开来。根据服务对象的不同要求，高校的档案馆应当不断丰富服务内容，拓宽服务范围，对决策、评价、凭证参与功能所造成的局限进行进一步的打破，将咨询、交流和教育等服务内容有效凸显出来。除此之外，还要对文化休闲功能以及信息传播功能进行进一步的创新，将之前单纯的储存和保管档案的场所打造成集档案开放利用、教育培训、科技研究以及档案信息加工、实体管理为一体的新型机构，从而达到促进高校档案服务机制的不断完善和发展的目的。

四、做好理念的创新工作

一直以来，高校档案服务工作都处在一种半封闭、全封闭的状态，档案管理人员将经验和传统视若珍宝，严格按照传统办事，墨守成规。这种不思进取、安于现状的传统观念无法适应当前的时代发展要求。鉴于此，高校档案管理工作人员要在整个档案工作中贯穿创新观念，克服经验主义和教条主义所带来的禁锢，突破经验思维和习惯思维，对开拓创新、紧跟时代的精神进行是大力弘扬，在此基础上逐步树立法律意识、科技意识、用户意识、竞争意识、市场意识和开放意识，为高校档案服务机制的创新奠定牢固的思想基础。

综上所述，创新高校档案服务机制，可以为高校的各项工作提供多样化和全方位的服务，大幅度提升档案部门的工作效益和工作水平。高校领导以及档案管理人员要对此加以重视，从理念、方式、内容和环境等几个方面着手，做好高校档案服务机制的创新工作。

第四节　高校档案服务职能

现阶段高校档案馆的核心职能应该是"存史"和"利用服务"两者并重，这就要求高校档案馆必须重视对档案材料进行深层次的编研。首先要完善开展编研工作的必备条件，其次要明确高校档案编研的基本方向，围绕人才培养、科学研究、社会服务和文化传承创新四大基本职能，增强高校档案服务的实效性

"不忘初心，牢记使命"是今天政治生活中的一个重要主题，也是档案工作永恒的主题。本节从档案馆的初心和使命出发，通过对高校档案工作现状的分析，以档案编研为切入点，围绕高校档案编研条件的完善和方向，对如何增强高校档案的服务职能进行探索。

一、档案馆的两大核心职能

档案馆的职能是指档案馆在社会分工中的职责和任务，档案馆的核心职能则是指能指导和带动其他职能的职能。关于档案馆的核心职能，目前档案界有不同认识。一种认为"存史"是档案馆的核心职能；一种认为"利用服务"是档案馆的核心职能；还有认为档案馆的核心职能呈动态性和阶段性，在现阶段"存史"和"利用服务"都是档案馆的核心职能。在不同的社会发展阶段，由于档案馆的定位不相同，所以档案馆的核心职能也呈现出一种动态性的特征，它的核心职能不是一成不变，而是随着社会的发展而不断地发展变化。档案馆发展到现阶段，其核心职能应该是"存史"和"利用服务"两者并重。

二、高校档案工作现状

目前高校档案馆都很重视档案馆的"存史"职能，日常花费了大量的人力和时间对本校各类重要的有价值的档案信息进行收集、整理、保管，但仍有少部分高校对学校档案工作不重视，归档意识比较淡薄。许多部门形成的有价值的材料不能及时整理归档，导致档案流失严重，这极大地影响了档案的收集和利用。而同时目前高校档案服务工作主要以文件查阅、学籍认证为主。在档案编研方面没有取得显著成果，这极大地影响了高校档案服务职能的发挥。

仔细分析高校档案工作现状，原因有三：一是高校档案馆行政管理职能不到位。《普通高等学校档案管理办法》明确规定，高校档案馆具有档案行政管理和档案保管利用双重职能。然而在实际工作中，高校档案馆行政管理职能往往被忽视或弱化；二是档案工作人员受档案馆传统职能观影响，在日常工作中，只重视对档案材料的收集和整理，即只发挥了档案的"存史"功能，忽视了档案的"利用服务"职能；三是高校档案馆工作人员编研能力较弱。据了解，目前不少高校档案馆档案人员队伍中专业出身的工作人员较少，所以难有高质量的编研成果。

三、如何增强高校档案服务职能

档案编研工作，可以提高档案利用服务的效率，为高校各项工作的开展提供参考和依据，是推动高校教学、管理、科研等各项工作的有效途径。随着高校职能的进一步完善和发展，

高校档案馆日常服务已经不能满足高校的发展要求。这就要求高校档案馆必须重视对档案材料进行深层次的编研。要开展档案编研，首先要完善开展编研工作的必备条件。其次，要明确高校档案编研的基本方向，增强高校档案服务的实效性。

（一）完善高校档案编研条件，发挥高校档案服务职能

1. 发挥高校档案馆行政管理职能，赋予档案馆对基层部门的考核权力，确保档案材料及时准确归档

目前高校内部档案馆的行政管理职能受到忽视或弱化，然而根据管理学的"权责一致"原理，有职无权，则其职责承担者的积极性、主动性必然会受到影响，就不能很好地承担起应有的责任。同时，由于权力的缺失，其他部门也不会很好地配合职责承担单位的工作。在这种情况下，高校档案归档工作这一源头工作就会大受影响。因此，应当发挥高校档案馆的行政指导、监督职能，赋予档案部门对各部门的考核权力，这样才能保证档案材料能够准确及时地收集起来。

2. 辩证分析，树立"存史"和"开发服务"并重的档案职能观

档案馆核心职能具有阶段性又具有动态性。现阶段档案馆的核心职能为"存""用"并举，双核心职能论明确了档案馆建设与发展的方向，对档案馆建设具有重要的指导意义，一方面强化了资源建设理念，另一方面又强化了开发利用的价值取向，这就要求档案工作人员必须改变传统的只重视"存史"职能的档案工作观，树立"存史"和"利用服务"并重的档案工作观。

3. 通过多种方式，提高档案工作人员的编研服务能力

针对现有档案工作人员编研能力较弱问题，各高校可以采取多种方式提高档案工作人员的能力。一是可以通知培训，对现有档案工作人员进行档案编研专题能力培训。二是可以招聘档案专业高学历人才，直接扩充到档案队伍。三是可以联合其他部门，针对学校工作需要，开展联合专题编研。

（二）明确高校档案编研方向，增强高校档案服务实效

高校档案的深层次编研对发挥高校档案工作的服务职能起着至关重要的作用，高校档案工作人员围绕什么进行编研则成为一个至关重要的问题。高校档案馆作为高校的一个部门，其编研工作当然必须围绕高校基本职能开展，这样才能促进高校的发展。下面围绕高校四大基本职能，对高校档案馆如何通过编研增强其服务职能进行探讨。

1. 人才培养

在人才培养方面，高校档案馆可开展以下编研工作来促进人才的培养：一是高校都有一批卓有建树的大师级人物，这些老师在长期的教学，科研工作以及生活和成长阶段都有丰富的资料，如果能收集这些资料，研究总结他们成长、成才的规律，从而可以不断修正和完善学校人才培养模式；二是收集优秀教案，联合教务、教学单位对这些教案进行编研，研究优秀教案的特征，对青年教师的教学、备课进行方法指导，从而使他们尽快成长起来；三是收集学校每年各类国家奖学金获得学生的成长、成才资料，通过对他们学习和实践的研究，找出科学的学习方法和实践模式，从而引领其他学生尽快成长起来。

2. 科学研究

在促进科学研究工作方面，高校档案馆可以从以下方面进行编研：一是收集本校科研专家的科研资料，如是什么支撑他们进行科研，他们平时怎么开展科研、开展科研所需的条件以及面临的困难等，通过对这些资料的分析与研究，一方面对青年教师开展科研进行具体指导，另一方面使学校能够为教师进行科研创造良好的环境和条件。二是收集优秀科研成果，如论文、项目，联合科研部门和其他相关单位对优秀成果进行研究，总结优秀科研成果的特征，以及科学正确的科研方法，对青年教师的科研工作进行规范和方法的指导。三是对学校每年的科研成果进行专题分类汇总，使教师清楚自己即将进行的科研目前最新进展情况，为他们进行科学研究奠定基础。同时每年收集学生的毕业论文进行专题分类汇总，为学弟学妹的毕业论文工作奠定基础。

3. 服务社会

高校每年会产生大量的科研成果，但目前这些科研成果大都没有得到充分利用，而实际上可以开发利用这部分资料，为社会服务。高校档案馆可以联合科研部门，科研成果单位，企业及就业单位对优秀科研成果进行分析研究，选出有经济利用价值的实用型科研成果，一方面以这些项目为基础进行校企合作；另一方面，大学生可以选取合适的项目进行创业。这样既充分利用了高校的科研成果，又服务了社会，解决了企业和学生的问题。

4. 文化传承创新

在文化传承方面，高校档案工作人员一是可以对大学精神进行凝练和传承。高校要通过对校训和名师等档案材料进行总结提炼，形成自己的大学精神并进行传承。二是可以梳理校史，做好校史传承。高校档案工作人员可以对大学的机构沿革、学科建设、专业变化、教学、科研等方面的档案资料进行综合提炼，形成完整的大学印记。同时可以做好特色档案的收集和编研工作。可以收集本校不同时期的特色工作的档案资料，也可以收集不同部门的特色工作的档案资料，进行提炼总结。通过各种方式，使高校的历史丰富和立体起来。三是可以通过文化育人，实现高校文化传承与创新功能。高校档案工作人员可以通过对名人档案材料的编研来开展以理想信念为核心的社会主义教育，让大学生树立正确的世界观、人生观、价值观；通过对校史档案材料的编研来开展爱国主义教育，让大学生树立热爱祖国、热爱学校，为人民服务的远大理想，确立国家和民族利益至上的价值观念。

第五节　法德并重下的高校档案服务工作

法安天下，德润人心。法律是准绳，道德是基石，在推进国家治理体系现代化进程中，两者相辅相成、不可偏废。法律法规是"他律"，道德规范则是"自律"。因此，坚持法德并重理念，其实质是以道德的内心约束力，使档案工作者积极主动地做好档案服务工作，并以法律规范的外部约束力保障档案服务工作始终沿着法治化的轨道前行，防止损害档案行为的发生。

一、法德并重做好高校档案服务的必要性

法律法规是档案服务行为规范的外部约束，道德情操则是内心确信，具备较高的法治素养和行为规范是保障其服务行为始终遵循规定的要求。从档案管理者角度来看，继承前人尊重历史、实事求是的优良传统，提高个人道德素养，能使其更好地理解自身的责任和使命，并自觉投入到为人民群众提供优质的档案服务中。此外，法治思想和道德规范的确立，能够让档案工作者更深刻地领会"为党管档、为国守史、为民服务"的现实意义，并将其转化为做好高校档案管理工作的强大精神动力，真正把忠于校史、遵守纪律、献身兰台和热情服务作为自身的行为准则。档案管理者以身示范，发挥模范带头作用，一方面可以促进整个档案人才队伍思想素质的提高，另一方面也可以增强团体的依法守档意识，使档案工作人员自觉遵守规章制度。

二、当前高校档案服务存在的问题

（一）服务理念因循守旧

从高校馆藏档案现状来看，高校档案信息资源还是停留在"以藏为主，以用为辅"的阶段。当前，我国已经步入以信息为主导的经济时代，现代资源观中突出强调"信息资源"是一种战略资源。高校在对待其掌握的丰富的信息资源方面，依然还是注重信息的贮藏，对档案信息资源的开发和利用方面重视程度不够，档案信息资源服务于高校发展和社会进步方面的功能未得到有效发挥。此外，在有限的"信息服务"中还是以"我"为主，以"他"为辅。高校档案信息服务的对象依然是以在校师生为主，许多宝贵的信息资源没有实现共享，无法满足社会大众的利用服务需要。

（二）利用效率不高

高校的档案服务职能分为程序性职能和非程序性职能。前者是指依据档案管理流程，完成高校档案的收集、分类、保管，助力学生、教学档案信息数据库和行政管理领域中人事、科研等电子信息数据的生成。后者则主要是辅助相关部门或人员进行档案调阅和查询工作，如为院系提供反映往届学生就业岗位信息资源，优化教学课程设置。高校档案主要服务于高校广大教职员工的人事和学生工作，但目前高校人事档案和学籍档案的利用效率都不高。

（三）服务法治意识不强

近年来，国家相继出台了一系列档案管理工作法律法规，如《中华人民共和国档案法》《中华人民共和国档案法实施办法》《中华人民共和国保守国家秘密法》《机关文件材料归档范围和文书档案保管期限规定》《高等学校档案管理办法》等。这些法律法规和规章制度为做好高校档案管理工作提供了根本遵循和行为准则。目前，大多高校将教学、科研等作为工作重点，对档案管理工作给予的重视和支持的力度不够，没有很好地组织职工开展档案法律法规的学习和宣传，加上档案人员自身重业务、轻法规等，导致高校档案工作人员的法治意识淡薄。

三、法德并重做好高校档案服务的路径

（一）转变服务理念

做好高校档案服务工作要做好理念的创新，要不断强化党的建设，强化党在档案事业中的领导核心作用，在思想上高度重视档案服务工作。实施"以德治档"的首要任务就是要牢固树立"四个意识"，把高校档案服务工作作为为民服务的一项重要内容，全面落实从严治党的各项要求。广大档案从业者要始终坚持以人民为中心，以满足人民对档案的信息资源需求为做好高校档案工作的出发点和落脚点，率先垂范，不断开创高校档案管理和服务工作新局面。

（二）提升服务质量

档案事业是一项崇高的事业。做好新时期高校档案服务工作，就是要不断提升广大档案人员的职业水平和职业素养，拓展服务领域，延伸服务触角，做好主动服务。高校档案事业作为一项功在当代、利在千秋的神圣事业，要有"功成不必在我"，但"功成必定有我"的初心和境界，不断提高自身的专业素养，提升档案服务工作的能力和水平，形成爱岗敬业的良好风尚，自觉克服"门难进、脸难看、事难办"的衙门作风，也要纠正态度生冷、庸政懒政行为，要做到恪尽职守，严格按照法律法规和新时代高校档案服务的新标准、新要求严格要求自己，以过硬的档案服务本领为广大受众提供优质高效的档案服务。

（三）提高服务能力

高校要引导广大档案管理者树立正确的世界观、人生观、价值观，不断丰富和拓展新时代高校档案服务的方式方法。一方面，要督促高校档案工作者加强档案法律法规知识的学习，始终做到依法履职、依法服务。另一方面，要加强高校内部院系、教务、招生就业和档案管理部门间的团结协作，丰富高校档案信息资源内容，搭建共建共享的档案服务平台。要利用新形式、新手段，提高高校档案服务公众的能力。高校要积极开通档案服务微信公众号，发挥微信交流信息量大、受众群体广泛和关注高的优势，为不特定群体提供优质高效的档案信息咨询、业务受理和主动推送服务。

"依法治档"和"以德治档"相结合是档案事业发展的重要保障，也是高校档案事业发展的内在因素所要求和决定的。高校档案管理的目的，宏观上就是要为党和国家各项工作服务，

微观上就是要为广大师生和不特定社会公众做好服务。高校在不断引用先进档案管理技术和档案管理模式的同时，更要不断完善档案管理制度，做好档案人员的思想道德教育工作，做到用科学的档案理论武装人，以正确的档案管理理念引导人，以高尚的档案管理精神塑造人，以优秀的档案产品鼓舞人，推动高校档案事业科学发展。

第六节　高校档案服务校园文化建设

随着社会的进步，文化的大发展，校园文化作为新时期高校思想政治工作的重要载体，对高校文化建设具有重要的导向作用。高校档案是学校历史和文化的积淀，承担着保存历史、传承文明、资政育人的重要责任，能够为校园文化建设提供丰富多彩的原信息，是校园文化建设的坚实基础力量。

本节将从档案在校园文化建设发展中的作用以及参与校园文化建设的途径等方面进行探讨和分析。

一、档案在校园文化建设中的作用

高校档案馆不应简单理解为堆书存档的地方，而是校园文化建设不可或缺的重要组成部分，其建设发展在一定程度上影响着校园文化建设的质量状况。

（1）高校档案为开展校园文化建设活动提供丰富的素材。高校档案是学校在各项活动中形成的各种形式的历史文件，它以文字、图片、影像等不同记录方式和各种载体形态全面反映了学校的精神面貌和发展历程，可以为校园文化建设提供重要的档案信息资源、建设资源等多方面支撑。为进一步加强校园文化建设，提升办学品位，更好地推动学校教育事业的发展发挥积极作用。

（2）高校档案馆是学校文化教育的第二课堂。校园文化作为一种环境教育资源，具有显著的引导功能，可以陶冶情操、启迪心智，对大学生的人生观、价值观，以及理想信念的形成起着潜移默化的作用，是任何一门课程所无法比拟的。高校档案能够反映校园文化多方面的发展，是学校重要的物质和精神文化载体，其所蕴含的学校创建发展过程、艰苦奋斗的精神、教育科研取得的成就、典型校友的事迹等，都是激励学生成长成才、努力进取的重要资源，是对广大师生进行爱国主义、集体主义教育的生动素材，是高校育人的第二课堂。

（3）高校档案具有文化交流传播作用。高校作为信息社会中知识传播与创新的场所，与社会各方面的文化沟通与交流日益频繁，新时期高校档案的文化贮存呈现出更为多元化的发展趋势，高校档案作为高校文化的传播工具，不断地将其所蕴含的文化能量传播给广大师生员工。高校档案不仅能为本单位服务，还是对外服务的重要信息和文化资源，随着人们对人文精神的日益关注以及社会发展对文化需求的增强，档案可以吸引众多的学者和研究人员到馆利用档案，进行学术研究。档案将成为文化交流的窗口和纽带，充分利用这种资源可以提高学校的声誉，能够吸引更多师生校友、社会民众关注学校的历史文脉，便于高校与社会各界建立广泛的联系，提高校园文化的社会影响力，增强学校知名度、信誉度，从而提升校园文化品位。

二、高校档案如何服务校园文化建设

加强硬件基础设施建设，展示校园文化形象。随着信息科技的高速发展，传统的档案管理模式与利用方式也发生着深刻的变革。加强档案的资源建设与信息化管理势在必行。高校档案亟须配备必要的信息化办公设备和通信网络，加强档案信息化建设，以技术手段来加快档案文化资源建设和共享，使档案管理实现信息化、系统化和智能化，实现档案信息资源的社会共享，让利用者随时随地进行档案数据的查阅，为高校师生和社会各界提供全方位精确便捷的服务，更好地服务校园文化。

深化档案编研工作，凝练特色校园文化精华。高校档案所拥有的原生态信息以及原生态文化正是学校文化建设所需的"特色"。学校应主动深入挖掘具有孤本性的馆藏档案信息资源，进行深入的二次加工、三次加工，发挥其文化价值，形成含金量高、价值丰富的档案文化精品。利用档案数据库等现代化的平台，对馆藏特色性文化资源进行梳理、整合，发挥"文化再造"的过程，总结、凝结学校独有的育人文化和鲜明的办学特色，对高校文化建设和发展具有重要的导向作用。

提升档案服务水平，助力校园文化建设。随着新时期社会对信息资源的不断需求，高校档案管理部门和档案工作者要改变过去默默无闻的被动状态，充分发挥档案信息资源的优势，创新档案文化，打造档案文化品牌，自觉把档案工作纳入校园文化建设的轨道。通过适应数字化时代的要求，引进现代化查阅手段，不断推出各项档案服务，拓展社会服务功能，也是推进校园文化建设社会化进程的重要渠道。

拓展档案资源，充实校园文化元素。高校档案真实地记录了广大师生在教学、科研、生产等活动中积累的宝贵经验和重要的知识信息，具有文化属性。高校档案馆者要树立"大文化大档案"观念，主动扩大档案收集范围，拓宽档案收集渠道，把学校教育教学、科学研究、管理服务中各种新情况写进工作规范；把对当前和今后长远工作有重要参考价值的各类文件材料列入归档范围，不断优化档案馆馆藏结构。围绕学校开展中心工作、重大活动等，主动做好活动资料留存，以档案特有方式和角度，来主动记录和见证学校发展的方方面面，不断丰富校园文化的底蕴。

高校档案工作的科学发展可促进校园文化的发展和完善，把高校档案运用到校园文化建设中，使档案工作的利用成为高校文化建设的有力支撑，是高校档案工作创新发展的需要，更是高校培养有创新精神和实践能力的高素质人才的内在需求。

第七节　心理契约视角下高校档案服务

档案服务工作是直接面向利用者，使档案的潜在价值转为现实价值，使档案产生经济、社会效益的关键环节。在信息化时代的背景下，档案学者们掀起对数字档案、智慧档案、档案共享等服务理念和模式的理论、实践探索热潮。高校档案工作者也紧跟潮流，积极探讨高校档案服务工作存在的问题和解决方案，以期提升高校档案服务工作的效益。综观高校档案服务的相关研究，学者们提出高校档案服务实际工作中仍存在被动封闭服务现象，具体表现为对利用者未分类别，提供的差异化服务不够；服务内容方面结合所在高校的特色、发展需求和社会档案服务需求的程度不够；服务方式受到时空的限制，对高校档案利用者的管理意识不够；未主动开发提升高校档案利用者的档案知识和技能素养；未建立有效的反馈评价机制；从而导致高校档案利用者主动参与档案建设的意识淡薄等问题。针对上述问题，档案学者们从显性角度对高校档案馆 / 室的馆藏数量、质量情况、软硬件构建、组织机构、规则制度、经费支持、监督考核、人员素质、服务流程、服务形式和质量等方面积极探讨提升高校档案服务水平的思路和具体途径。

高校档案机构作为推动高校档案事业发展的管理组织部门，不仅要注重显性的档案工作建设，更要深入分析高校档案员和利用者对档案服务工作的心理期望、义务和责任，从隐性的心理层面强化高校档案机构、档案员和档案利用者之间感知的相互期望和承诺，促成三方形成良好的心理契约，使高校档案机构在服务过程中能够有的放矢，更能以利用者为关注焦点分清主次，有重点、有层次地进行档案事业建设，不断提高档案服务的满意度。

一、高校档案服务中的心理契约

20 世纪 60 年代，心理契约（Psychological contract）被引入管理领域，用于探讨组织与组织成员之间除正式雇佣契约外的非正式、隐性未公开的相互心理期望对员工态度和行为的影响。纵观国内外研究，心理契约概念在不同阶段学者有着不同的理解。（1）在 20 世纪 60 年代至 80 年代末的提出阶段，较有代表性的是美国组织心理学家施恩（E.H.Schein）教授认为的："心理契约"（Psychological contract）是员工和组织对彼此抱有的隐含在心里的各种各样的非书面化的期望，其能够影响个人和组织行为。（2）20 世纪 80 年代末至 90 年代末的深化阶段，最具代表性的是 Rousseau（1989）认为的心理契约是员工和组织对于双方责任与义务的认知。（3）20 世纪 90 年代末至今是心理契约的实证阶段。国内外学者从实证量化的角度对心理契约的概念、内涵、影响因素和结果变量进行多方探讨，大部分认为心理契约是在具体情境下双方在各种心理暗示的作用下，在相互期望的基础上感知到的隐性的权利义务关系的协议。

鉴于以往研究的定义，高校档案服务工作中的心理契约主要是指高校档案机构、高校档案员与档案利用者在具体的互动情境中形成的非强制性的、动态的、内隐的、没有正式书面规定的一系列心理期望。这些心理期望以互相感知到的承诺和期望为基础，形成了彼此期望又彼此承诺价值回报的责任和义务的各种信念；主要表现为高校档案利用者和高校档案机构、高校档案员对自身的权利、义务以及对方应承担责任的双向主观信念，其核心和落脚点是高校档案利用者的满意度。此外，高校档案服务工作中的心理契约特征除了概念中已经体现的非强制性、动态性、双向性、隐蔽性等特点，还具有以下特征：（1）服务性。高校档案机构具有学校教辅和行政部门两种属性，既要为所在学校和相关社会单位提供资政和工作查考的各种档案材料，又要服务具体档案利用者（教师、学生、校友等）的具体档案利用需求。因此，服务性是高校档案服务中心理契约的基本属性；（2）教育性。高校档案中的心理契约在立足服务的同时，还要重视开发育人功能，坚持用"三全育人"的理念开发具有教育功能的档案产品，践行高校树德育人的使命。

国内外学者对心理契约的内容研究发现，心理契约的结构主要分为三派：二维结构——交易型和关系契约、多维结构和采用最多的规范、人际和发展三维结构。心理契约情境和内容的多样必会导致维度的不同，结合我国高校档案服务的特点以及心理契约研究的本土化，高校档案服务工作中的心理契约主要包含规范型责任、人际型责任和发展型责任三个维度，具体体现为：（1）规范型责任：是基于供需关系形成的心理契约，主要体现为高校档案机构应立足利用者的需求，提供便利舒适的档案利用环境、丰富的各类馆藏资源和编研产品、便捷的查档流程、个性化和多样化的档案服务产品和方式等；高校档案利用者则应自觉遵守高校档案机构的相关规章制度等；（2）人际型责任：高校档案机构应以服务为宗旨，在查档环境、馆员管理方面体现以人为本的服务理念，积极挖掘开发利用者的需求，在满足利用者各类档案需求的过程中体现人文关怀，营造良好的双向人际互动环境；高校档案利用者要配合高校档案机构的日常运作和管理要求，尊重高校档案员的工作和人格；（3）发展型责任：高校档案机构应通过多种方式向利用者呈现档案对其自身成长发展的重要性，在此基础上提供更多适合不同高校档案利用群体的档案知识和技能学习方式，以满足高校档案利用者的个人成长需求；高校档案利用者应向高校档案机构、档案员反馈服务质量和建言献策，参与高校档案机构组织的相关活动。这三个维度是相辅相成、相互促进的关系：良好的规范型责任有助于关系型责任的形成，前两者责任的履行是构建发展型责任的基础条件；发展型心理契约的形成又可拓展规范型责任和人际型责任的广度、深度。

二、心理契约在高校档案服务中的作用

高校档案服务中的心理契约作为联系高校档案利用者和高校档案机构、档案员的心理纽带，是高校档案事业发展的重要推力，其作用体现在以下 3 个方面。

导向作用。高校档案服务中心理契约的构建需要分析高校档案服务对象的显性和隐性需求，这些需求对明确高校档案服务工作的建设重点和突破点，以有针对性地满足个性化服务需求，提升高校档案服务效能和效益具有方向性的指导作用。具体而言，高校档案主要的服务对象为学生、教师、党政机关人员、校友。其中：（1）教师、学生、党政机关人员作为高

校档案利用者的主体，除了工作查考、学籍证明等明显的外在需求外，还期望高校档案机构能提供微信、网络、协同查档等一站式的便利服务方式和更有针对性的教学类、科研类档案产品。因此，高校档案机构在做好日常工作的同时，还应主动感知此类高校档案利用者非正式的隐性心理契约，并以此为导向积极引进先进、便捷的档案服务软硬件和技术，改进查档流程，开发并编研有学校特色的教学类、科研类、机关类档案产品，以满足大部分高校档案利用者的隐性需求；（2）校友方面，高校档案机构除了满足校友对学籍查档的基本服务需求外，建议以校友心理契约中的情感需求为重点，与校友会合作开发校友寄语、有班级特色的校友照片录、知名校友风采等校友档案产品，促进高校档案与校友工作的双向发展。

此外，高校档案机构也应关注新兴的档案休闲利用观，关注高校师生及相关利用者对档案文化休闲的隐性未来需求，使档案逐渐从保存信息的角色转变为提供文化产品的角色，强化档案服务社会化服务水平，使高校档案成为以用户为主导的身心休整场所。

凝聚作用。良好的心理契约不仅是高校档案机构、高校档案员和利用者三者相互之间对明文规定的权责达成较为一致的理解，更是三者对各自内隐的权利、义务较少误差的感知。具体而言，高校档案服务中良好的心理契约应表现为：（1）高校档案机构和档案员能把握档案利用的真实和未来需求，如查档便利性、休闲利用、校园文化建设、学术查考等需求，并结合校情积极利用主客观条件，主动作为，创造性满足利用者需求；通过美化查档环境、多渠道宣传各种档案规范流程、建立档案诉求渠道等多种形式营造良好的档案服务氛围，减少利用者对高校档案服务的理解歧义，增强利用者的档案利用意向和满意度；通过建立有效的档案反馈机制，凝聚利用者力量不断进行高校档案服务的自我革新，在利用者的支持和反馈下实现高校档案服务效益的提升；（2）高校档案利用者明晰自身可利用档案资料的内容、范围，掌握档案利用的具体途径和方法；明晰自身档案利用需求的诉求渠道，并能感知到诉求得到快速响应和合理需求得到满足，对高校档案机构和档案员服务的满意度高；愿意尽一份力协助高校档案机构或档案员改进高校档案服务效益。简而言之，高校档案服务中良好的心理契约可以减少高校档案机构、高校档案员和利用者之间的不信任和不安全感，有助于三者之间形成一股合力，共同促进高校档案事业的进一步发展。

塑造行为作用。高校档案服务中的心理契约是高校档案机构、高校档案员和高校档案利用者之间互相感知到责任、义务和期望的总和。高校档案机构作为提供服务的主体，应对照心理契约的规范型责任、人际型责任和发展型责任三个维度，采取宣传、培训、制度发文等方式将这些责任、义务和期望明晰化，并提高高校档案员的服务知识、技能和态度，帮助高校档案利用者切实掌握"怎么用档，查什么档，如何查档"和档案利用诉求渠道等方面的知识和技能，以促使三方形成良好的互动循环系统，从而让三者主动调整自己的行为，做出符合对方期望的行动，不断提高高校档案服务效益。

三、心理契约视角下高校档案服务工作的改善措施

心理契约理论提醒高校档案机构在提高服务能力的过程中要切实注重档案员和档案利用者所感知到的隐性的责任和期望，这样才能切实提升高校档案员和档案利用者的满意度，获

得更好的工作绩效和扩大高校档案工作的影响力。具体而言，高校档案机构可从以下三方面加强心理契约，提高高校档案服务的质量和满意度。

（一）以质量管理体制原则为指导建设高校档案服务质量管理体系，强化规范型责任

规范型责任作为高校档案服务心理契约的基本维度，是高校档案服务改进工作效益的重要突破点。高校档案机构可以借鉴质量管理体系的七项标准——以顾客为关注焦点、发挥领导作用、全员参与、过程方法、循证决策、持续改进、关系管理，建立系统动态、自我改进的高校档案服务质量管理体系（简称体系，下同），树立"人人服务"的理念，以构建有效的高校档案服务过程中的规范型责任。建立这一动态性、持续自我完善的高校档案服务质量管理体系，应在不同阶段以七项原则为指导进行建设工作。

准备与策划阶段。（1）高校档案机构首先应以发挥领导作用为原则，成立领导小组，明确领导小组及其成员的分工和职责，给体系的建设提供机构和人力资源保障；（2）领导小组要在以顾客为关注焦点和全员参与原则的指导下，调动高校档案员和档案利用者等各方力量，全面细致地调查、了解本校档案机构的组织架构、档案员素质现状、管理过程、工作制度、服务流程、设备台账、档案法律法规、服务过程中存在的问题、利用者的显性和隐性需求等；在了解现状的基础上，以满足利用者需求为基点，与上级进行沟通，明确高校档案服务发展的方向与思路，并组织人员编写、修订、发布校本体系文件，尽量将高校档案服务过程中的规范型责任明晰化。

体系运行阶段。高校档案服务质量管理体系的良好运行是构建高校档案服务规范型心理契约形成的有力保障。因此，高校档案机构在形成初步的体系后，（1）首先以全员参与原则为指导，积极与高校档案员、档案利用者进行沟通、培训，强化其对体系、个人在改进体系中重要性的认识和相关技能的掌握程度；倡导对高校档案服务质量管理体系进行全方位的公开讨论，分享相关知识和经验，使三者形成一股督促体系不断自我完善的合力；（2）运用过程方法、循证决策和持续改进原则，在高校档案管理服务管理体系运行过程中实时收集信息，监控、分析、评价高校档案服务管理体系的成效，以提高对高校档案服务关键节点和改进机会的关注；依据数据、信息分析结果，权衡经验和直觉进行决策并采取措施，并对影响服务管理体系输出结果的风险进行有效管理，以不断改进在高校档案服务质量管理体系；（3）在管理体系运行的全过程中注意关系管理原则，使高校档案机构、档案员和档案利用者之间形成良好的关系，以减少服务过程的摩擦和障碍，增强三方主动性，从而为体系的改进提供更多助力。

（二）加强高校档案宣传和培训工作，深化人际型责任

高校档案机构要深化高校档案机构与档案员、档案利用者三方的人际型责任，首先应确定三者之间的关系，然后根据高校档案员、高校档案利用者的实际情况，开展高校档案机构和高校档案员的双重服务责任和义务，高校档案服务的重要性、使命、责任和义务，高校档案利用者反馈的义务和方法等方面的宣传、培训工作，使三方对高校档案服务过程中各自的角色、职责和权限形成共同理解，提高对隐性心理契约的感知力，减少因理解歧义造成的心理契约破坏现象；其次，高校档案机构还应建立交流沟通、资源、能力共享机制和平台，如建立班级档案委员、档案联络员，或高校档案志愿者协会等，以点带面地开展高校档案工作，掌握利用者的真实需求。此外，高校档案机构还要注重管理档案服务质量的相关风险来增强三者各自价值创造的能力，满足甚至超越对方对档案服务的心理期待，为高校档案服务形成良好的人际型责任奠定心理基础。

（三）建立学习型组织，形成良好的发展型责任

心理契约的发展型责任提醒高校档案机构要立足科学发展观，创建具有持续学习和创新能力的学习型、知识型组织，这样才能提高高校档案员和利用者的终身学习能力，才能使高校档案机构不断克服障碍，实现自我发展，成为适应时代的服务型机构。具体而言，高校档案机构在积极构建学习型组织的过程中，要摒弃"等、靠、要"的被动理念，在日常服务过程中以"主动、便利、实效"为基点，在切实研究、抓住高校档案员的自我成长需求和高校档案利用者的便捷查档、身份认同、休闲利用等需求的基础上，结合信息化的服务和学习方式，积极学习和利用档案的新知识、新技能，以丰富馆藏资源，优化档案机构环境，开发切中档案利用者痛点和学校特色的档案产品，以满足高校档案员和档案利用者需求，强化三者相互之间心理契约的发展型责任。

高校档案服务过程中无形的心理契约作为一种情感性的感知，对高校档案三方主体有着重要的导向、凝聚和塑造行为作用。高校档案机构在积极强化三方心理契约的过程中，不仅要从心理契约的规范型责任、人际型责任、发展型责任维度进行理论探索，更要注重在实践中采取具体行为改善心理契约，及时收集信息、验证行为的有效性，调整改进不符合实际情况的行为，这样才能促进高校档案服务事业的不断发展。

第五章 高校图书馆服务创新体系

第一节 对高校图书馆服务创新的思考与建议

一、高校图书馆服务创新的必然性

高校图书馆，是高校的文献信息中心，也是为教学和科学研究服务的学术性机构，更是高校信息化和社会信息化的重要基地。"读者第一，服务育人"，这是高校图书馆永恒的宗旨。

当今社会，信息飞速发展，高校图书馆作为高校的文献信息中心和学术交流体系中的信息枢纽，只有不断创新服务，提升服务质量，才能满足广大读者的需求。教师研究课题、学生写毕业论文，都需要查阅大量的资料，都需要精准的数据作为后盾。如何把图书馆的资料和数据进行整合，更方便、更准确地提供给读者，是高校图书馆需要思考的问题。为了给读者提供更好的服务，创新无疑是最好的办法。

只有不断创新服务的方式，提升服务的质量，高校图书馆才会拥有新鲜的活力，从而获得长足的发展。

二、目前高校图书馆在服务方面存在的问题

图书馆的发展跟不上社会的发展，图书馆的服务不能满足广大师生的读者需求。近年来，随着高校规模的不断扩大和教育改革的不断深入，图书馆面临着新的问题和挑战：学生读者群体人数剧增，层次也增多，研究生读者群体信息需求变得学术化、专门化；教研人员群体水平提高，信息需求精深。这些问题，使得图书馆在提供全面的服务时，显得捉襟见肘，有时还会出现一些失误。

图书馆馆员的业务素养跟不上时代的发展，服务意识也尚待提高。在传统借阅时代，高校师生对信息服务的需求相对固定，主要就是借书、还书、购书，这使得流通和服务处于比较低的水平。但在当今知识经济和信息时代，一些高需求的信息服务，亟须专门的部门和高素质的人来开展工作，用知识和技能服务广大师生。再者，许多技术性质和科学性质的文献资料都是采用英文书写，要完成这些外文原版图书及文献资料的采购、编目、参考咨询及管理等工作，图书馆馆员就需具备较高的外文素养。但是，部分图书馆馆员服务意识薄弱，缺乏主动服务的热情和学习新知识、新技术的动力。

图书馆对自身的宣传不够，广大师生对图书馆的服务了解不深。高校图书馆图书资源是丰富的，但资源利用率不高。主要原因是高校图书馆较少主动宣传自己，导致读者对图书馆的服务框架认识不够，对图书馆的新型服务也不够了解。

三、高校图书馆创新读者服务的思路与办法

高校图书馆只有不断创新，提升读者服务，才能跟上时代发展的要求。可喜的是，近年来随着社会的发展，高校图书馆的服务理念在不断更新，读者服务也在不断创新。

以读者为本，开展读者自助服务。读者自助服务，是一种新颖、便捷、高效、开放、自主的服务方式，越来越受到读者的认同和喜欢，得到了迅速发展。随着知识信息需求的扩大和网络的延伸，我国许多高校图书馆逐步推行了这种新的服务模式。

自助借还、打印复印。许多高校图书馆通过自动化集成管理系统的建设，实现了图书自助借还服务和打印复印服务。这既节省了图书馆的人力资源，提高了流通效率，也为广大师生提供了极大的便利。

蒋介石在国民党执政的二十余年间，随着个人权势及外在环境的变化，不同时期对于党义阐述的重点和指向会有不同，其宣导的对象亦在不断扩大，但随着国民党在大陆失败的临近，其宣导的效果及实际影响的范围不断衰微。

自助交费。图书馆为读者提供的绝大部分服务项目都是免费的，但也有一些需要收取一定费用，比如文献检索深层次信息服务费、借书超限期的资源占用费等，很多高校都是采用与校园一卡通对接或使用其他专用支付系统，实现读者自助交费，大大方便了读者。

网络自助服务。高校读者通过校园网或VPN远程接入可访问图书馆资源门户网站，借助自助服务平台进行信息查询、电子资源检索和下载，网上预约与续借、在线虚拟参考咨询等服务。

例如，杭电图书馆开展了移动图书馆服务，图书馆通过微信平台，推送读者自助，读者可以在手机上进行在线阅读，借阅查询、座位预约等自助服务，更是大大方便了读者。

以读者为本，加强个性化服务。现代高校图书馆在构建文献资源时，就应以读者为中心，充分体现文献资源的个性特征。同时，针对读者需求进行分析，以提供特定服务；在服务方式上着力开发有深度的个性化服务，如建立重点学科数据库、专题资料数据库、学位论文数据库等特色服务方式；还可根据读者的个性化需求，开展馆际互借、文献传递等业务。

例如，杭州电子科技大学图书馆就与国家图书馆、上海图书馆、CALIS文献传递网（浙大站）以及NSTL（国家科技图书馆文献中心）等建立了协作关系，共享文献资源。当本馆馆藏资源无法满足需求时，读者可申请馆际互借和文献传递服务。丰富的文献资源和共享服务充分满足了读者的需求，为教学、科研提供了充足的文献资源保障。同时杭电图书馆还于2016年推出了国内首个线上版"你选书，图书馆埋单"的借购平台，手机选书，下单、物流到家，阅读完毕归还图书馆，这种服务方式也极大地满足了读者个性化阅读的需求。

搞好图书馆馆员的队伍建设。以杭州电子科技大学为例，图书馆配置了4套自助借还书及自主复印打印设备，通过与校园一卡通的对接，实现了读者的自助服务，深受广大师生的

好评。今年，图书馆还开展了人脸识别技术在图书馆的多方应用，不久将实现刷脸入馆、刷脸借书等更加新型自助服务方式。这些新型技术，必将带给读者更便捷的自助服务。

做好图书馆的宣传和读者培训。高校图书馆要加强各种宣传工作，比如印发一些"怎样利用图书馆""图书馆的新型服务"等小册子，供广大读者取阅，使读者更好地了解图书馆。同时，大力开展读者培训工作，通过举办专题讲座、在线辅导、文献课教学等方式告诉读者如何获取全文及多媒体资料、如何使用某个具体的数据库等，提高读者独立获取信息的能力，提高读者自我服务的能力与意识。

加强网络信息资源的开发利用。当今社会，网络信息资源种类繁多，庞杂无序，图书馆要配置一批高层次人员专门开发、整理网上信息资源，将纷杂无序的网络信息进行整理、分类，然后提供给读者，方便读者的使用。

第二节 "双一流"驱动高校图书馆服务创新

教育是民族振兴和社会进步的基石，事关国家的兴衰，而高等教育水平决定了一个国家高新技术人才的质量，决定了一个国家的综合实力。2015 年 10 月国务院颁发了《统筹推进世界一流大学和一流学科建设总体方案》，该方案坚持以一流为目标，以学科为基础，以绩效为杠杆，以改革为动力的基本原则。方案又提出了：国家将鼓励和支持不同类型的高水平大学和学科差别化发展，总体规划，分级支持，到 21 世纪中一流大学和一流学科的数量和实力进入世界前列，基本建成高等教育强国。由此，创建"双一流"是国家全面崛起的迫切要求，是尖端科学研究和技术发展的主要力量，是国与国之间有关创新能力和科研水平的国际竞争，也是国家富强和经济发展为社会进步和人类文明的迫切愿望，这也是高等教育事业发展的机遇和面临的挑战。我国《普通高等学校图书馆规程》明确指出：高校图书馆是高校文献资源中心，是科研服务于人才培养机构。在"双一流"战略建设的驱动下，高校图书馆从补充、延伸与扩展教育活动的服务性机构，转型为高校教学和科研服务的学术性机构。图书馆的建设发展与学校的建设和发展是一致的，同样，"双一流"建设也给高校图书馆带来了全新的机遇和挑战。高校图书馆要通过创新服务理念、拓展服务功能，来迎接挑战。

一、"双一流"建设中服务创新理念

"理念"是一种理想和信念，是为追求和实现一定目标而奋斗的思想信念。图书馆服务理念是一切围绕读者服务工作的基本方针，是图书馆的服务方式、服务内容、服务态度等的体现，是一切服务工作的指导思想、理论基础、前进方向和行动准则。随着不同时代的发展，传统图书馆是"物本管理"的服务理念，而现代图书馆是"以人为本"的知识管理理念，强调人是知识管理的目的和主动的因素，文献资料和信息技术是知识管理工具，知识管理的核心是产生新知识隐性知识转化为显性知识，使个人知识转化为社会知识，实现知识的共享和知识创新。

服务创新是图书馆取得不断发展的根本，但必须依存于一定的环境和条件，不是无中生有，空穴来风。如互联网产生后，网络环境为图书馆提供了十分广泛的服务空间和机动灵活的服务时间，变成真正的开放实现了以图书馆为中心到以用户为中心的转变。而网络系统、数字图书馆系统、Web 2.0 移动通信泛在智能、云计算等应用，使空间再造得以实现，打造了"共享空间""创客空间"等新空间，先进信息技术的运用是实现图书馆服务创新的前提。以创建世界一流大学和一流学科为核心，以立德树人为根本，为国家培养出拔尖创新人才。

二、服务创新的障碍

任何事物要创新必然有障碍，而图书馆服务创新的过程就是克服一系列障碍的过程，如需要克服在理念、人员、技术和管理等上的障碍，只有不断地创新，同样也是在不断地寻求突破障碍的途径。

理念上的障碍。传统图书馆服务方式以纸质图书为载体，服务模式也是围绕纸质文献和馆设展开，馆员的主要工作内容是文献的收集、管理、保存和加工，被动地等待读者上门借阅。随着数字信息时代的到来，是否主动开展，并推动个性化服务已成为现今虚拟环境和现实环境对于服务质量的评判标准。当前，有些图书馆在信息服务理念上还没有完全脱离传统信息服务方式，缺乏信息导航的超前意识，对主动服务的贯彻执行相对欠缺，影响到信息服务的数量和质量。因此必须克服理念上的障碍，才有可能积极参与服务创新。

人才上的障碍。创新人才是根本，因为好的理念要靠人落实，现代图书馆的管理依托网络系统，数字计算系统等先进技术，读者可通过网络获取各种信息知识，而且数字阅读已成为图书馆的重要组成部分，对管理人员的要求日益多元化，但目前的图书馆存在人才老化问题和缺乏专业人才，不能紧跟上现代社会发展步伐，特别是缺少具有超前意识和创新能力、数据处理技术和多学科技能的领军人才，是创新服务中最大障碍。

信息技术上的障碍。图书馆服务的发展离不开信息技术的推动，而图书馆服务创新更需要信息技术的保障与支持。在图书馆的信息服务系统中，信息技术如通信网络系统，高性能计算机服务和知识库等此类信息技术的运用是图书馆实现服务创新的前提，也是提升图书馆服务水平的有效手段。但对于有些高校图书馆而言，因信息资源建设经费紧张或匮乏，技术设施不完备，人才结构不合理，学科文献、电子参考文献、多媒体课件等资源不足，从而造成信息技术建设滞后或流于形式，管理工作的重心仍停留在图书期刊借还等传统服务上。

三、"双一流"建设中服务创新途径

在这竞争性的信息环境中，图书馆服务创新是必然趋势，以正确的决策和快捷的反应能力推出高质量的服务，也是新竞争性信息环境发展对图书馆服务的必然要求，必须正视服务创新能力的不足，分析服务创新中存在的障碍，拓展服务创新途径。

文献资源是创新服务的必要保障。图书馆文献资源建设是高校图书馆学科建设的必要保证，它的馆藏数量、质量、多元载体服务系统，直接关系到教育和科研的成效，是学科建设不可缺少的组成部分。在"双一流"战略建设中积极调整文献资源收藏结构，突出学科的重点和特色，为学科建设提供文献资源的支持。图书馆的文献资源应满足教师教学，学生学习和科研人员学术研究的需求，为提高文献的针对性、适用性与利用率，也可使文献购置费合理利用，可由科研人员、学科馆员参与采购，教师按书目勾选或自主购买，或者图书馆流通部门参与荐书等多元化形式，并对学校重点学科和特色学科，做到编目典藏细致化，方便教师和学生所使用。

在当今新的信息环境中，围绕教学与科研中心将本馆馆藏纸质书刊和电子书刊进行二次文献的开发建设，做到实体资源与虚拟资源互补，实体图书与电子书刊互补，二次文献与一次文献相辅，馆际互借与文献传递相结合的文献信息资源特色的图书馆。

信息服务是创新服务转型发展。信息技术的快速发展，促进了社会信息服务业的全面发展，也促进了高校图书馆的服务内容多样化，如用户需求的个性化，信息获取渠道的多元化，信息传播与表现形式的多样性等，都体现了对图书馆信息服务的极大影响，图书馆必须分析用户信息需求，调整服务策略。信息技术的快速发展，丰富了图书馆的信息资源，也促进了图书馆传统服务于新技术新设施的融合，如移动图书馆、虚拟图书馆服务外，还有 RFID，网络学习社区服务，协同信息服务，知识资源发现系统等，为图书馆信息服务提供了条件，丰富了服务手段，也改变了图书馆的服务理念，如各种定题服务，咨询服务，个性化服务，决策支持服务等成为图书馆信息服务的日常工作内容。

信息技术、网络技术、计算机技术的应用，是图书馆实现了智能化信息服务，提高了智能化服务水平，获取信息更为便捷，文献信息提取更迅速，有利于对知识进行智能化管理，促进知识的快速流通和传递，也有利于信息资源的快速挖掘和整理。新的信息环境下，移动服务、在线服务是当前社会信息服务发展的主流，在线教育、网络教育已成为互联网的发展趋势，移动设备（手机、电脑）已成为当下图书馆用户的交流平台，高校图书馆应抓住这一机遇，大力拓展基于移动网络的虚拟信息服务，在线咨询服务，在线用户教育等，以丰富图书馆信息服务模式。

提高馆员素养和组建学科服务团队。传统图书馆馆员具备的基本素质有：思想道德素质、职能道德素质、业务素质、科研能力和人际沟通能力，随着网络化、数字化的信息时代的到来，受信息环境的影响，图书馆员除秉承原有基本素质外，信息服务已不能仅限于文献资源获取方式为主的基础性服务，而是基于数据、知识，决策的信息服务是主要发展与转型基础。但当前从事信息服务的馆员多由本馆馆员兼任，业务素质不高，不能满足文献信息服务的智能化、信息化、数字化需求，除吸纳具有图书馆情报专业知识，计算机和网络运用及其他学科的专业人才，对本馆馆员构建激励机制和有效的培训机制，加强专业知识的学习和服务技能，特别是数字信息技能的培养，提高馆员的文献信息服务能力，使馆员既有专业知识功底又有数字信息服务技能的人才，针对学校的学科建设需要，将有丰富学科服务经验、业务能力过硬的人员，组建成优质服务团队，为科研人员提供服务，还可根据需要，吸收社会学者，如专家、专业人士，具有相应研究能力，知识处理能力的个人或组织参加到团队中，以弥补图书馆自身服务能了的不足。

学科服务是创新服务的细分。建设世界一流大学必须建设世界一流学科，而学科建设是高校核心竞争力的重要体现，学科水平的高低对于高校人才培养的质量，服务社会的能力，科学研究水平起到至关重要的作用。在学科建设中，必须集中人力、财力、重点支持能够率先冲击世界一流的优势学科，以局部突破带动其他学科水平的整体提升。

在"双一流"建设的新形势下，高校图书馆的服务定位也发生了变化，除了作为学校教育、科研服务的文献保障与支撑部门，还应着重加强人才培养，科学研究及决策支持等方面的服务工作。图书馆服务的对象除向师生提供日常服务外，转向科研人员、决策部门提供精准服务，高校图书馆服务定位与服务对象的改变，具体体现在知识情报服务、决策支持、科研支撑、信息素养教育、特色学科文献等，深层次学科服务是图书馆发展方向，也是图书馆服务创新的必然产物，是用户群体专业需要的细分。

高校图书馆实施学科馆员制度，是提高个性化信息服务水平的重要保证，但国内建立学科馆员制度的高校只是小部分，在"双一流"建设的驱动下，高校图书馆已把学科服务作为深化用户服务完善服务结构，加快图书馆转型发展的服务创新途径。学科服务也从以联络人为主要特征的第一代学科馆员服务进入以融入一线，嵌入过程为主要特征的第二代学科馆员服务。未来学科服务将成为科研活动中不可缺少的核心服务，为此高校图书馆在学科服务对象上，应注重针对科研人员发展，将服务内容渗入到科研成果产出的过程中，对学科馆员应加大政策引导和扩展服务范围使学科馆员服务内容上对学科资源、学科信息、收集科研进度追踪等工作，在服务深度上除提供文献服务或信息服务外，深入到科研内容中，从环节上入手，拆分知识结构，提供基于知识单元的服务，在服务责任上，通过有理可依的量化考核体系，落实学科馆员服务工作的责任制，具体工作如下。

以线上"嵌入式"为服务手段。"嵌入式"服务理念是目前最有效的服务手段，主要是线上服务，学科馆员进行"嵌入式"服务系统建设时，除了要考虑系统便捷性外，也要便于学科馆员进行各类信息的收集和录入，要方便科研人员在系统中主动获取信息，建设个人交流主页，科研人员进行学术交流，并在线下及"嵌入式"服务系统中成立科研协作小组，使大家能实时获取科研进度信息，推进科研进度。

着力学科文献资源建设。以特色重点学科为依托建设馆藏，在采购文献，收集整理网络资源同时，积极开展文献传递与馆际互借服务，进行学科文献资源补充，提供多样化资源检索系统，整合资源检索途径，为资源利用提供方便。

学科服务分层化。学科的基本特征是学术性，是专业发展的基础，而专业是学科承担人才培养的基地，高校利用图书馆搭建的学科服务平台，向教育科研领域的信息用户分层次地提供有针对性的学科知识服务。如：①以本科为主学习型用户，由授课教师及学科馆员，将图书馆的信息素质教育与学生的课程体系相结合，使其在专业学习中充分利用图书馆的文献信息资源和互联网电子信息资源，进行学术科研指导；②研究型用户，以教授、学科带头人及研究生为主，为研究生和一般学科教授科研人员等提供事实性和方法性咨询服务；③学术性用户，以教授、学科带头人，为重点学科或特色学科专家，教授等提供融入其教育环境，嵌入其科研过程的知识；④搭建学科服务平台，学科服务平台以传播学科知识和学科信息为主，是学科馆员与学科用户之间重要媒介，是开展学科服务有效支持工具，目前研究较多的是 Web2.0 和 Libguides 的学科服务平台建设，通过交互的知识服务，使平台成为合作学习，合作科研的新型智慧知识平台；⑤组建学科服务联盟，高校图书馆以区域性联盟是常见的发展模式，但此类联盟停留在资源共享层面，在"双一流"政策背景下，应建立起合作大于竞争的理念，为学科服务联盟开放更多的服务模式，还应跨区域同学科进行合作，合作内容如下：除共享商用数据库资源外，可共享以学科为主，人为收集整理的各类中外文学科资源，自身学术成果等非公开资源；搭建学科情报共建机制，既扩大学科情报获取面，又可减少学科馆员的重复获取频率，使学科馆员将更多精力投入到其他服务中；开展学科馆员素质差距的互助服务，带动相对弱势的学科馆员，开展线上培训与交流，或线上入驻代为开展学科服务。

智库服务是学科服务的重要内容。高校图书馆智库服务是以资源和服务可依托由校内不同学科领域专家学者和教授等组成，为校内外各类机构和组织以及提供解决问题和处理事务的理论、方法、策略的研究机构提供相关服务。高校图书馆的智库服务是根据智库用户的信息需求，收集各种相关信息并进行整序、分析综合处理后，采用一定的技术手段，以信息咨询或学科服务的方式提供给用户，以满足用户信息需求的服务模式。学科服务是面向学科领域的专业化知识服务，而智库服务也是学科服务的重要内容。智库服务最重要的任务，一类是战略规划，政策分析等应用性研究，另一类是智库特点、分类及方法等学术研究。它的研究需要专业性的嵌入或知识学科服务来支撑，而学科服务，特别是学科情报和学科决策服务中有关科技战略、发展规律、竞争力等，需要智库研究予以支撑。由此可见，学科建设与智库建设是相辅相成的，呈现快速持续发展的态势，而学科的快速发展反过来促进智库影响力的显著提升。

"创客空间"是服务创新的一种新模式。"创客"是指出于兴趣和爱好，努力把各种创意转变为现实的人或群体。而"创客空间"是创客者们利用一个开放共享区域内电脑、3D 打印机、影音捕捉及编辑等工具，将自己的思维、想法、灵感进行交流与共享，最终实现成果转化的一种学习、交流、实践空间。图书馆创客空间是图书馆在服务内容上以满足师生的文献信息需求拓展到提供空间、材料、工具及交流平台，在服务方式上以传统推送服务转变为引导师生学习、发现、自由创新，开放共享和动手合作的创客空间，是图书馆服务创新的一种新模式。

建设世界一流大学和一流学科，是为提升我国教育水平，增强国家核心竞争力，而做出的重大战略决策。在推进"双一流"建设过程中，图书馆创客空间要结合学校优势学科开展建设，借优势学科的高端科研水平为创客活动提供学术理论支撑，在创客活动中不断吸收和培养创新人才，壮大创客团队。高校图书馆创客空间如能联合社会机构，与企业协同合作，多渠道地汇集外来资金和软硬件设施，实现资源优势互补，通过联合合作创客平台，掌握产品运营及销售渠道等，助力将创客群体的创意产品转化为市场需要的商品，既提高了师生的创新创业精神，更为图书馆创客空间能持续发展。

建设世界一流大学和一流学科，是为提升我国教育发展水平、增强国家核心竞争力而做出的重大战略决策。

在这"双一流"建设中，高校图书馆应充分发挥自身优势，结合学校学科特点和专业需求，突破传统图书馆的管理理念和方法，通过有知识的人管理知识和传播知识的思想，深化服务理念，创新服务模式或扩大服务内容，为"双一流"建设做出应有贡献。

第三节　信息化时代高校图书馆服务创新

一、信息化的迅猛发展，给高校图书馆带来了全面的冲击和严峻的挑战，使高校图书馆陷入生存和发展的危机之中

信息化带给高校图书馆的挑战和冲击是多方面、多层次的：既有精神层面的，也有物资层面的；既有宏观方面的，也有微观具体的；既有服务内容的，也有服务形式的；既有服务对象的，也有服务提供者的。具体来说，信息化对高校图书馆的冲击主要表现在以下几个方面：

办馆理念。要求对高校图书馆的性质、地位和作用重新进行界定，对服务目标，服务理念重新进行思考。第一，高校图书馆的地位再也不能简单地定位为教学辅助单位，要认识到它是整个高等教育的有机组成部分，本身就是一个教育和研究单位，是学校的文献信息中心，是学校信息化和社会信息化的重要基地。第二，高校图书馆的职能再也不能简单地确定为是为学校的教学、科研服务，除了服务功能之外，高校图书馆的工作本身就是学校教学和科学研究工作的重要组成部分。第三，高校图书馆的性质再也不能简单地界定为教辅机构，而要认识到它的文献中心、信息化基地、学术性机构、学术交流中心、自我学习场所等多重属性。第四，高校图书馆的服务理念，再也不能简单地停留在坐等读者上门、被动地提供借阅服务上，而要认识到必须主动地、积极地与读者互动，提供超时空的多样化服务，才能更好地体现出高校图书馆的存在价值。

馆藏方式。以往的高校图书馆主要以纸媒来存储信息和知识，收藏的主要是图书、报纸、杂志、文件、手稿、图片等等纸媒印刷品，它们不但信息贮量小，而且体积大、占用空间多、笨重、移动困难。信息化给高校图书馆的馆藏方式带来了革命性的变化。电脑硬盘、光盘、优盘、网盘等等，不但容量大、体积小、重量轻，而且是形式多样的多媒体，文字、图片、影像、声音等等，动静结合，时空制约性小。时下的高校图书馆，其馆藏方式正在从单一的印刷型图书、期刊发展到电子图书、电子期刊、全文数据库等数字化信息资源，呈现出多元化的特征。馆藏方式的变化，对图书馆的物质基础、空间布局、服务形式、管理方式等，都带来了新的要求。

服务形式。以往的高校图书馆，基于图书、杂志等纸媒藏品，服务形式主要是借阅和开架阅览。信息化时代，基于数字化、网络化的多媒体电子产品，师生可以通过电脑、手机等多终端，利用有线或无线网络，随时随地访问高校图书馆。尤其是无线网络技术的发展，为

高校图书馆的服务打开了另一片天地。这就要求高校图书馆在搞好传统服务的同时，拓展服务手段。从单一的借阅、导读，发展到对原始文献的二次分析、研究和整理，进行知识创新，与读者互动，让读者参与到信息的检索与提取过程中来。

服务对象。信息化对高校图书馆服务对象的影响是多方面的。一方面，信息技术的发展，文献资料的数字化和网络化，网络资源的方便性和快捷性，使得高校师生获得信息资料的手段和途径多样化，对传统图书馆的依赖性相对减弱，导致高校图书馆服务对象的流失。另一方面，随着高校图书馆信息化建设的加强，信息中心功能的充分发挥，积极主动服务，知识重组、知识建构和知识创新，尤其是无线网络技术的使用，又可能使更多的师生利用图书馆。再一方面，随着信息化程度的加强，高校图书馆的社会服务功能将得到充分的发挥，服务对象不再局限于本校师生，将面向社会大众提供服务和进行社会教育。在终身学习的观念下，越来越多的普通大众会有意识地利用网络图书馆丰富的信息资源，不断充实和提高自己。高校图书馆的服务对象面临扩大的趋势。

人员队伍。信息化时代，高校图书馆人员必须是具有高层次的业务素质和能力、熟练掌握各种服务手段的信息的管理者、信息生产者、信息研究分析者和信息提供者，他们除了要具有系统的图书情报学专业理论知识、广博的文化科学知识之外，还要具备较高的政治理论素养、心理素养，具有分析信息、评判信息、组织和管理信息的能力，能针对特定的人群，从数字信息海洋中迅速找到所需资源并进行筛选、组织、整序，从而开发出有序、有深度的信息产品，提供人性化、个别化、专业化的服务。而目前的高校图书馆，其人员队伍的现状，很难跟得上信息化飞速发展的要求。

管理模式。信息技术广泛使用，使以往的手工管理方式远远不能满足图书馆复杂业务的需要。信息化不但要求高校图书馆的管理手段和技术全面更新，更主要的是要求其管理思想和管理理念全面更新。要从初级的图书馆的内部集成化管理系统应用到提供给读者的自动化信息检索系统，要把对馆藏文献资料的自动化管理普及到对数字信息资源的全方位、自动化、网络化管理。

二、转变服务理念，拓展服务领域，更新服务形式，是高校图书馆应对信息化挑战，抓住机遇走向新生的必由之路

思想观念、服务理念的转变，是高校图书馆改革和发展的前提。信息时代，高校图书馆从书刊资料中心转向信息情报中心、从知识传播中心转向教育培训中心、从文献资料库转向思想智慧库、从文献收集整序转向知识组织创新、从专业化服务转向社会化服务、从被动服务转向主动服务、从简单服务转向复合服务、从单向服务转向互动服务、从书本式服务转向人本式服务、从传统管理转向智能管理，这是大势所趋。因此，高校图书馆必须提高认识，树立全新的服务理念，坚持"以人为本"，积极主动，保障教学科研工作，促进学生全面发展，面向社会服务。

服务领域的拓展，是高校图书馆改革和发展的方向。信息化要求高校图书馆突破传统的服务领域的局限，拓展新的服务领域。第一，在丰富馆藏的同时，加强"信息导航"，帮助

读者以最便捷的方式，准确获取各自所需的知识。信息技术的发展，使高校图书馆可以通过功能强大的信息网络与外部连接，形成一个无限的信息空间，普通读者面对这样一个信息空间，往往感到无从下手，难以搜集到所需信息。如果不提高人们获取信息的能力，读者仍然可能徘徊于信息网络之外，成为信息社会中的"信息穷人"。因此，必须拓展"信息导航"服务。第二，在提供信息资料的同时，进行文献分析和整合，创新知识。激发思维，启迪智慧。由知识和信息的提供者，转变为知识的建构者。第三，在进行知识传播的同时，开展全面教育活动。充分利用高校图书馆信息资料中心的优势，积极主动地开展丰富多彩的教育活动，使高校图书馆真正成为大学生的"第二课堂"，获得政治思想、伦理道德、文化艺术、心理健康等方面的教育，全面发展、健康成长。第四，在为本校师生提供服务的同时，面向社会进行服务。充分利用现代化信息技术手段如多媒体技术、数字化技术、互联网技术、无线通信技术等，为校园外的广大民众提供多种形式的服务。

服务形式和手段的不断更新，是高校图书馆改革和发展的基石。应对信息化的挑战，必须做扎实细致的工作。高校图书馆的改革和发展，也应体现在具体的行动之中。因此，高校图书馆要不断地创新服务的形式，变换服务的手段，这样才能保证服务领域的拓展和自身使命的实现。第一，创设良好的服务环境。包括硬件环境和软件环境。硬件方面，除了建设现代化的馆舍，还要对馆舍空间进行合理布局，购置必要的设备，布置不同功能的厅室，建立一个环境优美、功能齐全、设施先进、使用简单便捷的人性化服务场所。软件方面，建立科学合理的服务制度，设计方便快捷的服务流程，使用规范的服务语言，实行温馨的服务。第二，充实和丰富服务内容。在保证图书借阅和开架服务的同时，积极利用互联网和其他新媒介、新技术如飞信、QQ、微博、微信等，开展便利、灵活的深层次信息综合服务。一方面，为教学科研人员提供他们迫切需要的文献信息深加工而形成的"综述""评述""研究报告"等类信息产品，使他们能够及时了解科研动态并在自身的教学科研活动中参考借鉴。另一方面，加强高校图书馆与广大师生的相互沟通，积极与广大师生交流互动。第三，组织各种活动，诸如开设论坛、举办学术研讨会、读书报告会、专题系列讲座、智力竞赛、音乐欣赏、文化沙龙、中外名著书评、书画展览等，帮助大学生丰富知识、开阔视野、培养兴趣、陶冶情操、开发潜能、提高创新能力。第四，充分利用网络资源。网络信息资源具有数量巨大、种类繁多、分布广泛、变化频繁、价值不一等特点，用户要找到某些特定信息，需要花费大量的时间和精力。高校图书馆要做好对零散杂乱网络信息资源进行采集发掘和整理加工的工作，把网上的免费资源转换成本馆的数据库资源，使之成为图书馆文献资源的重要组成部分，形成具有馆藏特色的专题、全文或文摘数据库，提供给读者，方便读者使用。第五，积极整合校内资源。把分散在校内各信息服务部门的信息资源联成一个信息网，使之能用统一的方法进行检索，减少读者搜索的困难。如针对本校重点学科和专业设置，建立各种专题数据库、综合科研成果数据库、学位论文数据库、会议论文数据库、学术期刊目次数据库等。第六，建立和完善有自身特色的数据库。对本馆文献信息资源进行深加工，开发出具有特色的主导文献数据库。这是图书馆拓展信息服务的重要举措。第七，加强同兄弟高校图书馆和其他图书馆的互通互联，做到资源共享。

三、加强能力建设，提高人员素质，是高校图书馆发展进步的关键

要真正实现高校图书馆服务理念的转变、服务领域的拓展和服务形式的更新，以应对信息化迅猛发展的挑战，人是最关键的因素。如今一些高校图书馆的实际情况是，人员队伍构成复杂，水平参差不齐，知识结构、学历结构、职称结构不甚合理，具备图书情报或计算机专业背景的人员少，工作人员普遍缺乏扎实、系统的图书情报专业教育，不能深入到文献的具体内容中去，成为专业文献信息与专业读者之间的纽带，部分馆员存在着工作积极性不高、求闲心理强、业务不求进取等消极心态，部分馆员外语基础差、计算机水平偏低，"机盲""网盲"占有相当大的比例，等等。这些都无形中影响着高校图书馆的发展，影响着高校图书馆的服务质量和服务效率。因此，建立一支高素质的图书管理人员队伍，便成为高校图书馆发展的突破口。高校图书馆必须把加强能力建设、提高员工素质作为应对信息化冲击的控制性工程，当作一个战略任务，给予高度的重视，进行全面部署和系统安排。

建立严格的人员准入制度。把好进人这一关，同时积极引进掌握信息技术和信息化管理思想的高素质人才。以往的高校图书馆，在人员准入这一点上，缺乏严格的制度，或者对制度的执行不严格。往往是来者不拒，什么人都接收。成了学校安排富余人员和教职工家属的后院。难怪图书馆工作人员被戏称"阿姨"了。造成了图书管理人员文化程度相对较低，专业结构不合理，整体素质不高的不良局面。必须转变学校领导、人事部门和高校图书馆领导的用人观念，从应对信息化挑战和高校图书馆生存发展的高度，为高校图书馆配备适应信息化发展趋势的高素质图书管理人员。

加强在职馆员的学习培训。第一，坚持全员培训。根据现有人员的年龄结构、知识结构、职称结构、能力结构以及岗位要求，进行系统的培训，提高他们的学历层次、专业水平、思想意识、政治觉悟、职业道德、心理素质、服务技能和整体素质。第二，建立和完善培训制度。把人员素质的提升和高校图书馆的能力建设制度化、常规化、规范化，用制度保障在职馆员学习提高的积极性和主动性，保证培训的全面性、完整性和系统连贯性，保证培训的质量和效果。第三，确定合理的培训目标和内容。针对不同的人员和不同的任务，确立科学合理、切实可行的培训目标。不贪大求全、好高骛远。第四，采取灵活多样的形式和手段。把岗位自修与脱产学习相结合，分散学习与集中培训相结合，内部培训与外部培训相结合，专家讲座与同事交流相结合，知识掌握与技能训练相结合，学历提高与短期训练相结合，业务培训与思想政治教育、伦理道德教育、心理健康教育等综合素质教育相结合。第五，设计合理的培训方案，做到目标任务明确、培训对象明确、培训内容明确、培训过程明确、培训的时间地点明确、培训的方式方法明确、培训的评价标准明确，培训的效果明确。

现代信息技术的飞速发展，在对高校图书馆提出全面挑战的同时，也为其发展进步提供了机遇。高校图书馆应该通过服务创新和能力建设两条途径来应对这种挑战。以服务创新促进发展，以能力建设保障服务创新。为高校师生和社会大众提供高质量的服务。

第四节　数字时代高校图书馆服务创新

一、变换服务角度转变服务态度

传统图书馆所倡导的"为人找书，为书找人"的服务理念，在很长一段时间发挥了重要的作用，是纸质时代高校图书馆满足读者需求的一种方法。然而随着数字信息时代的发展，这种传统的服务观念出现了一些局限性，已经不适应现代化高校图书馆的需要，需要用更加先进的思想来更好的指导高校图书馆工作。人本化思想是近年来高校图书馆兴起的一种先进的思想，随着数字时代的发展，人本管理思想也被赋予新的含义。

人本管理思想，简单地说，就是指在管理中，关心人的需要、激发人的潜力，进而达到顺利实现目标的目的。具体到数字时代的图书馆的读者服务工作中，就是要以高校图书馆读者为本，关注高校图书馆读者的需求、尊重高校读者的地位、维护高校读者的权益，最大限度的满足读者的需要。

服务创新需要切实体现在实际工作中，首先，把读者的需求放在第一位。数字时代，高校图书馆的读者的需求呈现出个性化和多样化的倾向，为此，高校图书馆读者工作也要做出调整，从过去那种粗放型的观念转变成关注读者的个性需求，制定个性化的解决方案，来满足读者的需求。第二，重视读者权益的保护的意识。数字时代是一个开放的时代，读者在高校图书馆的一切活动都应当得到尊重和保护，他们有权选择他们的服务方式、有权选择他们的阅读类型、有权要求高校图书馆提供可行的服务，有权保护自己的阅读隐私不被泄露和侵犯。这些在数字时代的图书馆显得尤为重要，因为现代图书馆可用随时获取读者的阅读活动的情况，进而可以通过阅读习惯了解读者的阅读心理和思想状况，如果不加限制的公开读者的活动，有可能会对读者造成精神上的伤害，是对读者的不尊重，高校图书馆应在实际工作中加强保护读者权益的意识。

二、服务方式创新

数字时代高校图书馆的服务方式发生了重大变化，"以用为主"成为人们的普遍共识。高校图书馆的服务已经不仅仅局限于实体图书馆，高校图书馆可以通过多种方式满足读者的需求，以往的那种通过读者的到馆率作为评价图书馆工作效率的方法已经过时。如何为读者提供高效的服务成为工作评价的标准，如何为读者解决在使用图书馆过程中的问题，如何参与高校科研服务提供科技支持，成为高校图书馆发展的方向。这种服务意识的变化要求高校图书馆进行服务方式的创新，从传统意义上的看书匠转变为紧跟时代脉搏、思想活跃、知识渊博、熟练掌握信息技术等前沿技术的全面发展的人才。数字时代，目前高校图书馆已经能够开拓多种方式满足读者的信息化需求。

构建服务平台，高校图书馆可以通过专门的校园系统提供服务。高校的校园系统作为一种校内的服务系统，具有造访人数多、信息传播迅速、影响和号召力强等特点，高校图书馆可以充分利用这一平台，了解学院的科研和教学需求，获取读者的信息需求，通过提供科技查重、新书通报、专题信息推介等方式，为高校读者提供所需的帮助，贴近读者的实际需要，又能进行互动交流，是数字时代高校图书馆需要积极开发服务的一个平台。

共享信息空间。高校图书馆可以通过建立信息共享空间 (IC) 为师生提供服务。IC 是一种通过现代信息技术建立起来的一种具有一站式服务的辅助学习系统，通过高校图书馆的信息咨询员和计算机专家的指导，为读者群体提供学习谈论和通过数据库资源的整理和调阅来进行科技研究的一个资源和服务提供的整合体系，它强调以读者为核心，以小组形式进行的一站式服务体系，非常适合为科研小组和兴趣小组提供信息服务，在高校图书馆具有很大的发展前景。

植入新媒体技术。高校图书馆可以借助新媒体技术以及移动终端设备为师生提供服务。目前，手机等移动终端设备在高校图书馆读者中的拥有量已经很大了，这为我们高校图书馆开展现代化服务提供了基础。移动设备具有交互性强、无障碍等特点，与数字化时代对高校图书馆的许多要求相适合，通过手机等可以定制自己所需要的信息，正如知网中的个人图书馆一样，可以将自己需要的和感兴趣的知识信息通过高校图书馆的定制服务来系统地获取信息，随时随地地进行阅读。此外还可以进行专题信息服务和信息推送服务，第一时间获得高校图书馆提供地现代化服务，通过手机进行 WAP 服务，可以将互联网上的信息资源通过高校图书馆的数字化技术处理而获取经过整理的信息含量高的可靠信息资源，避免用户由于时间的原因而无法充分地利用图书馆。

三、服务内容创新

传统的高校图书馆的管理以藏为主，注重纸质资源的收集整理，以文献资源的数量作为馆藏建设的主要评判指标。为了收藏而收藏，馆舍面积不断扩大仍满足不了纸质文献资源的需要。传统的高校图书馆的服务内容单一，基本以借还书为主。馆员好坏的评价标准被狭隘地限制在座班上，即使上班时什么都不干只要在班上坐着不丢书就是好员工，高校图书馆也成为人们戏称的"坐功"最好的地方，高校图书馆馆员成为无所事事整天混日子没有追求的人的代名词，因此许多有志青年纷纷逃离。数字时代赋予高校图书馆更大的使命，更大的社会责任，服务内容应不断充实、创新。

高校图书馆积极尝试社会化服务。高校图书馆作为一个地区的文化信息服务部门，它应该在满足本校师生需求的条件下，尽所能的满足社会人士对文献信息服务的需求，利用广大纳税人的钱为社会服务。目前高校图书馆的资源设施都没有得到有效的利用，高校馆员也迫切希望通过提供社会服务来证明高校图书馆在数字时代所应具有的社会价值，得到对传统图书馆及工作有偏见的人的认可。通过参与社会服务，高校图书馆不仅能够满足社会人士的知识渴求，而且能够提高自己的服务本领，锻造出具有合作意思的团队精神，这种精神是数字化时代高校图书馆数字化发展中必须具备的素质，也是目前高校图书馆人员所缺少的，它的养成不能靠单一的高校图书馆能够达到，而是要在社会服务中潜移默化的形成，社会对信息资源的需求可以激发馆员自身重要性的认识，从而当他们回归到数字图书馆建设上时，会充满激情地完成工作任务，为读者提供高质量的信息服务。

高校图书馆努力夯实读者教育培训服务。数字化时代，由于高校图书馆引入先进的技术设备、网上信息资源的杂乱、高校图书馆引入的数据库的使用方法的差异、信息挖掘技术的复杂性，这些都使得高校图书馆的读者在利用图书馆的过程中出现各种各样的问题，迫切需要进行用户教育，用户教育培训成为提高数字时代信息利用水平的重要步骤。目前，用户的教育培训已经引起各高校图书馆的重视。

高校图书馆的用户教育就是要培养用户在复杂的数字网络环境中准确快捷地获取信息资源的能力，为此在服务范围上不能仅仅拘泥于从馆到人的内部教育上，将用户信息教育面向全体师生。将信息资源的获取利用知识引入高校课堂教学中，开设 INTERNET 课程，重点提供给读者搜索引擎的知识和使用方法。随着数据库数量的激增，对用户进行网络数据库以及光盘数据库的检索和利用的教育显得尤为重要；数字化技术为远程教育服务创造了条件，网上参考工具书、课程的查阅下载和获取成为高校学生读者进行培训的重要内容。

高校图书馆继续坚持个性化服务。数字化时代关注读者的个性需求并为他们提供相应的服务成为高校图书馆服务的内容之一。数字时代，读者的需求呈现出个性化的特点，数字化时代的科学技术又为这种差异化服务提供了可能，为此高校图书馆应与时俱进，开发出更加适合提供个性化服务的举措。

一方面加强私人订制服务。这是一种新型的读者服务方法，即用户将所需内容的学科、专业和关注领域等信息发送给图书馆，图书馆根据用户的需求对馆藏资料、数据库及网上资源进行整理、查找、汇总，然后发送给用户的一种服务，特点是针对性强，信息高效可靠，节省用户由于各种原因而无法获取所需信息的情况，大量节省用户查找信息资源的时间，知网中的个人图书馆就是一个很好的例子，虽然目前由于人力资源、设备等原因无法大范围的开展，但适合数字化时代读者对高校图书馆的要求，是进行个性化服务的很好的做法。

另一方面强化信息推送服务。信息推送服务是将用户需求的信息通过 Internet 传送给用户的一种服务，早在传统图书馆时就有了这项服务，但是由于技术原因一直没能开展起来，进入数字化时代，计算机技术、网络技术、信息挖掘技术大大提高了推送服务水平，推送服务的范围、效率和准确性得到提高，目前通过手机等移动设备进行推送服务的条件已经成熟，相对于个人图书馆，推送服务既可以进行个人服务，而且也可以为一类具有相同需求人提供服务，实际工作中的影响力会更强。

高校图书馆积极开展特色化服务。个性化服务是从满足个人需求的角度来提供服务，而特色化服务是从地域性文献保护与开发的角度为用户提供服务，两者的服务有交叉，但也各有侧重。特色化服务的关键是建立特色馆藏，通过特色化的馆藏数据库为用户所需提供服务。

高校图书馆在数字化建设中要根据本馆的服务对象、专业特点来进行数字化建设，形成具有本馆特色的数据库。目前信息资源无论在数量上还是在种类上都呈几何技术增长，任何高校图书馆都无法囊括所有的学科领域，为合理使用有限的经费，各高校图书馆首先要根据本馆的实际情况，因地制宜地开展数字化建设，依托图书馆所在地区文化特色，将有限地经费用于购买适合本馆的书刊资料、数据库，整理、加工具有本馆特色的网上信息资源，进而建设成具有特色的某一行业、某一领域、某一地区的特色馆藏，提供特色化服务。

第五节　MOOC 时代高校图书馆服务创新

MOOC（Massive Open Online Courses）即大规模开放式网络课程，具有规模大、开放性、网络化、个性化及参与性等特征。在 2008 年由加拿大学者布赖恩·亚历山大和戴夫·科米尔提出，MOOC 一词第一次出现在大众视野中。2012 年哈佛大学和麻省理工学院合作建立的 edX、斯坦福大学建立的 Udacity 和 Coursera，被称作"MOOC 三驾马车"。三大平台吸引了美国众多高校和全球名校的加盟，短短一年时间就拥有几百万全球注册学生，在全球引发了 MOOC 风潮。到 2018 年所有 MOOC 平台共计有用户 1.01 亿人，超过 900 所大学把教学视频向公共开放，累计课程总量达到 1.4 万。

一、MOOC 与传统教育的区别

MOOC 的兴起与发展改变了人们对教育的看法，与以课堂为中心的传统教育相比，它有许多突破和创新。

从教育形态来看，MOOC 是通过教与学的关系将分布在世界各地的教学者和学习者联系起来的网络虚拟开放课程，它不受时间、空间及人数的限制。而传统教育受限于物理教室的空间、教师的数量及教育资源的分布不均衡，无法将优质的教学资源惠及大众，只能在特定范围、特定人群内发生的教学活动。

从教育模式的角度来看，MOOC 是依托现代信息技术建立起来的灵活开放的学习平台，是教育资源开放运动发展的结果，它提供了一种全新的教育模式与学习方式。传统教学模式强调的是"以教师为中心，以书本为中心，以课堂为中心"，忽视了学生的学习主动性。MOOC 更多的是引领学生进行探究学习，更好地激发学生的主观能动性。

从教学方法来看，MOOC 通常以长度为 5 到 15 分钟的视频讲授为主，在视频中会嵌入习题和小测，并配以课后习题、单元测试、在线讨论等多种方式。注重对话互动，注重启发引导，强调以学生为主体，充分尊重学生的独立个性。这种不断提问的方式会让学生持续地投入到课程学习中，能更好地巩固和理解知识。传统教学以听、练为主，不利于培养学生的创造潜能、创新素质。

二、国内外顶尖名校应对 MOOC 的措施

自从 MOOC 出现以来，对现存的教育制度、教育模式冲击很大，作为高校三大支柱之一的图书馆也不可避免地受到冲击。有人悲观地认为在 MOOC 时代图书馆无用武之地，但是从国内外一些高校图书馆应对 MOOC 的方式来看，其实图书馆可以以多种身份多种方式参与到 MOOC 大潮中。

为 MOOC 制作者提供版权和许可方面的服务。在线学习，尤其是 MOOC，引发了复杂的版权问题。一是 MOOC 在制作中用到的多种形式素材，这些资源的利用呈碎片化，加大了厘清其版权状态的难度；二是 MOOC 本身的版权归属问题。斯坦福大学图书馆与 SIPX 建立合作伙伴关系，允许平台用户通过图书馆许可证访问资源，以及购买许可范围之外的资源。又与法律事务办公室合作，阐明版权政策，确保教师持有自身科研和教学材料的版权。

对 MOOC 参与者提供信息素养培训及相关信息服务。杜克大学图书馆在本校的 MOOC 发展中提供了多方面的支持。包括协助教师收集资料嵌入 MOOC 课程；帮助教师引入技术至 MOOC 课堂；提供课程咨询服务；在视频录制方面提供技术支持。

制作一门 MOOC。杜克大学图书馆为 Coursera 平台提供了 MOOC 课程 - "Copyright for Educators and Libraries(教育工作者和图书管理员所需版权知识)"；维克森林大学的图书馆员利用 Google 上的免费工具，成功地创建了一门 MOOC；中国科学技术大学图书馆罗昭锋在中国大学 MOOC 平台开设了《文献管理与信息分析》课程。

三、国内普通高校图书馆应对 MOOC 的服务创新探究

通过借鉴国外高校图书馆服务 MOOC 的经验，结合国内普通高校图书馆的现状，可以从以下几个方面开展服务工作，提供对本校 MOOC 发展的支持。

开展图书馆员的继续教育，提升服务能力。图书馆要做好 MOOC 的宣传推广，本身要对这个事物完全理解，而理解 MOOC 的最佳方法是参与其中并以学生角色选修一门课程。MOOC 环境下，信息资源越来越多样化和复杂化，需要用户具备较高的信息素养水平。图书馆员可将 MOOC 作为提升服务能力的重要手段，选修相关 MOOC 课程，并在学习中融入课堂，了解服务对象的需求，这样工作起来会更加得心应手。

利用图书馆参考咨询功能，推广 MOOC。开设 MOOC 的大多是世界名校，它无疑是一种优质的教育资源。它的兴起解决了高等教育资源和师资水平不平衡的问题。如何让这种优质的开放资源为更多人所知所用，弥补本校教育资源的不足，是高校图书馆今后服务的方向。

东北师范大学图书馆做了一个学生了解认识 MOOC 途径的读者调查，发现设置 MOOC 服务试点的校区学生有八成是源于图书馆的推荐，未设置服务试点的校区学生近一半是自己上网发现。这说明图书馆的宣传推荐能促进学生对 MOOC 的认知，促进学生对免费开放课程资源的利用。淮南师范学院图书馆在宣传推广 MOOC 方面，采取专家讲座、制作宣传栏、遴选校园 MOOC 大使、图书馆员担任指导老师、利用读者社团进行宣传等方式，取得显著效果。

发挥图书馆对文献信息的发掘整理分类能力，构建自己的 MOOC 体系。搜集 MOOC 资源将之进行分类管理，可以按开课时间、授课教师、开课学校、学科分类、开课人数等进行分类排序，将信息发布在图书馆网站；也可以将与本校专业设置相关的课程提供给相关院系，并帮助教师将 MOOC 嵌入到自己的课堂中。对搜集整理的 MOOC 资源进行科学配置、长期保存，实现资源与平台的顺利衔接，做好资源保障和服务工作。

发挥图书馆空间大、资源足的优势，为 MOOC 学习者提供现场交流讨论的空间。与庞大的注册人数相比，MOOC 的完成率低下一直为人诟病。以 2011 年 Sebastian Thrun 和他的同事开设的"人工智能简介"课程为例，当时共吸引了来自 190 多个国家和地区的 160 000 名学习者注册，但后来完成课程的只有 2 万多人，完成率不到 14%。2013 年，宾夕法尼亚大学教育研究生院对 Coursera 上的 16 门课程的 100 万名学习用户进行调查，发现仅有 4% 的用户完成了全部的注册课程的学习。2013 年 10 月，果壳网对 MOOC 的用户进行了大规模问卷调查，结果显示仅仅有 6% 的用户完成了所选课程的全部内容。影响 MOOC 完成率的原因多种，如注册用户的学习能力、学习动机、学科背景、学习时间等。在对学习者调查中发现，"MOOC 中使用网络工具的交流与传统课程中的面对面交流相比，效果差太多"是影响学习者完成 MOOC 的主要原因之一。图书馆可以为学习者提供一个物理的学习环境，可供学习者现场交流、讨论，更容易营造学习氛围，激发学生的学习兴趣，帮助他们顺利完成课程。图书馆员亦可为学习者提供与之相关的各种参考咨询服务。

作为信息服务机构的高校图书馆要了解学校的学科建设动向，围绕学校的教学科研工作进行学科资源建设，注重提高馆藏资源质量，突出学校学科特色，同时图书馆也应积极思考与实践，并在实践中不断调整服务体系，为读者提供个性化、多样化的信息服务，在高校的 MOOC 发展与建设中发挥重要作用。

第六节　新媒体阅读与高校图书馆的服务创新

别于传统纸质媒介阅读形式，新媒体阅读是指借助数字媒体、互联网和即时通信等技术手段，通过网页、微信、视听 APP 客户端、电子书以及 QQ、论坛贴吧等新媒介进行的阅读。新媒体阅读实质上是数字阅读。移动互联时代，新媒体阅读凭借其诸多比较优势，使阅读方式发生了革命性变化，吸引读者更多青睐，成为人们阅读的主要方式之一。《第 14 次全国国民阅读调查报告》指出，2016 年我国成年人数字化阅读方式接触率为 68.2%，同比上升了 4.2 个百分点，其中，手机阅读 74.4 分钟，上网阅读 57.22 分钟，远高于图书 20.2 分钟和报纸 13.15 分钟的阅读时长。在此背景下，高校图书馆应在发扬传统信息服务优势力基础上，通过不断创新服务方式，积极应对新媒体阅读带来的挑战，近一年提升服务质量和水平，更好地为读者服务。

一、新媒体阅读的主要比较优势

新媒体阅读信息获取快捷方便。由于新媒体阅读借助手机、平板、电脑等电子设备，能在第一时间将图书资源信息传递出去，具有数字资源传播迅速、信息实效性强的特点，因而，新媒体重新定义了人们获取信息的方法。在具备移动网络的环境下，读者只要有相应的新媒体阅读设备就可以随时随地进行阅读，完全不受时间和空间的局限。特别是那些可以听的有声数字信息资源，甚至解放了人们的双眼。总的说来，新媒体阅读不仅占用空间小，携带方便，资源获取快捷，利于存储信息，而且环保省钱，为读者节省了大量的往返图书馆的时间、空间乃至体力，因此新媒体阅读在高校师生中非常受欢迎。

信息资源更加丰富生动。与纸质媒介相比，新媒体不仅传递的信息量大，而且传递的资源种类多。那些图文并茂、结合了音频、视频、动画等形式的信息内容，根本改变了以往仅靠视觉的看书方式。由于融合了字、图、音、动画等一切可以运用的表现符号和呈现方式，新媒体阅读给人们带来了前所未有的视听美感和审美感受，以及生动立体的多维感官享受，深受年轻受众的追捧。新媒体阅读不仅能极大丰富师生读者的学习科研生活，而且能从多种角度满足师生读者的个性化和多样化信息需求和爱好，很大程度上激发了师生读者的阅读的热情，增加了读者的阅读机会和阅读范围，也使得读者对于新媒体阅读的依赖程度越来越高。

开放性和交互性强。别于纸质媒介阅读的单向传播，新媒体阅读具有开放性和交互性强的特点。在使用新媒体阅读时，每一个读者都能自由发声，读者与馆员间的交流变得更加顺畅和直接。在阅读过程中，作者、馆员、老师、学生之间可以通过微博、微信、QQ、短信等沟通工具和平台，进行自由、平等，双向、多向的交流互动，反馈分享，能够通过微信、微博、论坛等发表自己对于阅读内容的观点和建议，甚至参与网络创作成为信息的发布者。这样不仅能够激发读者交流沟通的兴趣爱好，也提高了读者的互动参与性，使多方沟通交流的问题在互动中逐渐明晰，因此增强了读者的获得感。高校图书馆可以利用该特点，积极拓宽新媒体交流渠道，建立平等开放的沟通平台，加强图书馆和读者的联系，从而更好地了解读者需要，进一步改进服务工作。

二、高校图书馆新媒体阅读服务存在的主要问题

部分高校图书馆对新媒体阅读服务重视不够。目前，国内高校图书馆在开展新媒体阅读服务方面整体上还处于积累经验的初始阶段。作为科研信息中心，高校图书馆本应走在新媒体阅读服务前列。但事实上调查后发现，除了一些重点高校图书馆新媒体阅读服务开展较好正在积极推进新媒体阅读工作外，一些高校图书馆对新媒体阅读服务重视程度还不够，新媒体阅读应用普及程度不高，读者知晓率低。新媒体阅读服务模式基本雷同，缺乏特点和个性，没有真正从平台、内容、服务、互动等方面建立新媒体阅读的制度与机制。有学者对国内某大学城 8 所高校新媒体阅读服务开展情况进行调查，看到仅有半数学校图书馆实际开通了微信平台和微博服务，即使开通的也存在仅是一个信息发布平台，服务时间较短等问题。

高校图书馆新媒体阅读服务内容较少。虽然目前存在有些具备技术条件和保障的高校图书馆在新媒体阅读服务领域不断探索，从利用图书馆网页、微信平台进行简单的业务宣传推广和图书借阅信息咨询，到尝试使用 APP 程序提供定制应用服务，从 QQ、微信、移动图书馆到网络直播平台，新媒体的应用越来越丰富。但另一方面，也有研究者通过对某地 26 所高校图书馆的调查，所有高校图书馆在开展传统阅读推广的活动中，利用微博、论坛等进行阅读广的有 20%，利用移动终端进行阅读推广的有 8%，服务内容千篇一律，总体来说形式单一，缺乏创新，难以吸引力更多的人参与。

馆员新媒体阅读服务能力不足。高校图书馆读者主要群体为年轻学生，开展新媒体阅读服务，与以往相比，需要具备较高业务素质和较强专业能力的工作人员。他们应紧跟当今科技潮流，不仅服务理念先进，而且综合业务素质较高，能够较好处理开展新媒体阅读服务的诸多问题。然而当前大部分高校图书馆并未配备专业馆员，造成新媒体阅读服务开展受阻。尽管有些高校图书馆工作人员具有图书情报相关专业背景，但由于他们仍没意识到改变传统业务运作方式的紧迫性，缺乏开展新媒体阅读服务的其他相关技能，在技术应用方面较被动，所以还不能很好适应新媒体阅读服务工作。

三、高校图书馆创新新媒体服务的措施

开发好新媒体阅读资源。新媒体阅读是对传统纸质阅读的发展补充，是纸质文本内容与形式的数字化升级，其本质是传统文献的数字化。具备一定规模和特色的馆藏数字资源是高校图书馆开展好新媒体阅读的基本前提。面对开展新媒体阅读服务的急迫需求，高校图书馆要尽可能在条件允许的情况下，把师生教学科研过程中经常需要查阅的相关专业书籍与资料，有选择、有重点地转变为兼具视听功能的数字资源，同时通过购买商业数据库等多种方式，加快特色文献从纸质版本到资源数字化的建设。注重整理和搜集数字信息资源，不仅要增加数字文献资源的数量，更要重视提高这些资源的质量，将其与传统纸质文献资源互相补充，构建一个富有特色、丰富优秀的馆藏系统。此外，高校图书馆之间要加强合作，建立资源共享网络，积极开展馆际互借与文献传递，弥补图书馆文献资源的不足。

建设好新媒体阅读平台。新媒体阅读平台是读者通过新媒体获取馆藏数字资源的不可或缺路径。高校图书馆应结合图书馆网页和搜索门户、微信和 QQ 等，在完善图书馆网站的基础上，建立具有实质性文献资料检索和获取等使用功能的数字图书馆、微信公众平台和 QQ 读者群等新媒体阅读平台。为读者提供集期刊、图书、报纸和多媒体资源等内容为一体的统一信息检索平台和资源获取途径。

开展好新媒体阅读推广活动。开展新媒体阅读推广活动是高校图书馆新媒体阅读服务的一项重要内容。图书馆应从读者阅读需要出发，利用入馆教育和相关专题讲座，提升读者的新媒体阅读素养，引导读者充分利用馆藏数字资源。通过对流通日志、数据库访问量加以研究分析，及时了解和掌握文献资源利用状况，对阅读频率较高的文献资源加以重点推荐。同时也可在官网主页上设立用户意见箱、网上咨询台、书刊采访信箱、网上荐购等栏目，搭建

网上交流平台，更清楚地了解和掌握用户的需求和建议，根据读者的反馈情况，开展好新媒体阅读推广，不断提高服务质量。

持续提升馆员新媒体服务能力。新媒体阅读服务和馆员服务能力直接相关。针对馆员新媒体阅读服务能力不足的现实，高校图书馆要不断采取相应措施，定期开展馆员业务培训和考核，不断提高馆员素质和能力，使其熟练掌握计算机网络知识和必要新媒体服务技术。此外，图书馆还应组织馆员经常对用户借阅情况、咨询记录、数据库使用情况等数据进行分析研究，掌握用户阅读和查询倾向，有针对性地满足用户的信息需求，进一步满足新媒体阅读服务技能要求。

新时期在新媒体阅读对高校图书馆传统服务模式形成挑战的背景下，高校图书馆应在保持传统服务优势的基础上，始终坚持以读者为中心的互动服务模式，积极采取相应的服务创新措施，进一步改进服务方式，将到馆服务现场服务与网上移动服务相结合，注重提升新媒体服务的应用和管理水平，促进图书馆紧跟时代潮流，更好地为读者服务，实现更好更快发展。

第七节　高校图书馆服务创新与校园文化建设

一、高校图书馆与校园文化建设

共同属性。高校校园文化是学校在教育环境中生长发展的一种特有的文化现象，是学校文化传统的积淀，是高校教育教学的重要组成部分，是高校师生思想观念、心理素质、价值取向和思维方式等的体现，其本质是一种人文环境和文化氛围。高校图书馆既是信息储备和传播中心，又是高校重要的文化活动中心，是高校教育教学不可后缺的条件，也是高校的文化标志。因此，高校校园文化和图书馆都具有人文科学的精神，在文化属性上具有一定的共性。

高校校园文化综合体现了一所高校的办学理念、文化传统和校风、学风。主要目的是通过优质校园环境和文化氛围对学生进行渗透和感染，引领大学生树立正确的价值观、行为方式、健康的人格等。高校图书馆作为校园文化中心的重要阵地，旨在通过其馆藏、管理、服务等手段营造一种健康的、积极向上的文化氛围，对大学生进行潜移默化的教育，使其思想、行为等得以规范，心灵得以升华。因此，高校校园文化和图书馆在教育目标和教育对象上具有一定的共性。

相互促进。在高等院校，校园文化建设和图书馆文化建设之间的关系应是：以育人为目标，互相促进、相互影响的关系。一方面，图书馆文化建设对校园文化建设有重要的促进作用，图书馆文化建设是校园文化建设的重要组成部分，它为校园文化建设提供优质文化资源和高雅的学习氛围，丰富着校园文化的内容，能促使校园文化的良性发展；另一方面，图书馆为了促进校园文化建设必须不断地强化自身的发展和建设，成为发展学生智力、培养学生创新能力、构建学生健全人格的重要课堂。

二、高校图书馆在校园文化建设中的作用

高校图书馆建筑本省就是高校校园中的标志性建筑，是校园文化的物质载体。图书馆大楼一般都坐落在校园的醒目位置，其独特的建筑风格、内部环境装饰、各区域布局都体现着学校的物质文化特色。高校图书馆作为高校教育的第二课堂，利用其丰富多样的文献资料，为学生提供优秀的书籍和各种科学知识，引导他们构建合理的知识体系、丰富精神生活，同时实现大学生世界观、人生观、价值观的升华。图书馆的开放性和自主性可以延续和补充课堂教育的局限。学生们可以随时利用图书馆，根据自己的需求和爱好自助借阅文献资料，也可以在图书馆安静优美的环境中学习、交流、活动，达到相互促进、交流经验、丰富知识领域的目的。高校图书馆良好的学习环境和浓厚的学习氛围不仅可以培养学生优良的品质，还可以增强学生自我教育和自我提高的能力，这也是校园文化的重要组成部分。由此可见高校图书馆在学校校园文化建设中不可替代的作用。充分利用图书馆的文化导向作用对丰富和发展高校校园文化建设具有十分重要的现实意义。

三、以校园文化建设为契机创新高校图书馆服务模式

充分认识图书馆在校园文化建设中的作用。图书馆是人类发展到一定阶段的产物，它随着社会文化的发展而发展，同时又会以文献的搜集、整理、保存、传播利用等独特的方式促进它所属的社会文化的繁荣和发展。高校图书馆文化产生于所在高校的文化环境，作为校园文化的重要组成部分和校园文化活动中心，图书馆参与和塑造着高校校园文化，在校园文化建设中起着引领作用。高校图书馆利用它优雅安静的学习环境、丰富的文献资源、生动的文化活动、科学系统的规章制度等，提高师生的审美、求知和自我约束等能力。充分认识图书馆在校园文化建设中的重要作用对高校校园文化建具有重大的现实意义。

突出图书馆的文化氛围。文化氛围是图书馆在校园文化建设中起重要作用的因素，文化氛围体现着图书馆的形象和品位。营造图书馆高雅、舒适、便捷、自由的借阅和休闲环境是高校图书馆建设中的重要工作。注重图书馆整体外观的设计，突出图书馆的象征意义和文化品位，图书馆建筑本身对师生就具有熏陶和感染力。注重图书馆内部的文化装饰，突出图书馆的历史和文化属性。如在公共区域悬挂经典名画和格言，装饰一些具有代表性的浮雕、壁画，包括阅览桌上的温馨提示等等。笔者所在的西北民族大学图书馆新馆大厅装饰着一幅"中国各民族大团结"的大型铜铸浮雕，两侧分别装饰了《中国文献发展历史》和《中国文字发展历史》的画卷。注重图书馆休闲区域的设置，摆放沙发、茶几、绿色植物、花卉，提供饮料、茶水休闲读物等，突出图书馆的休闲功能。通过诸如此类的措施，烘托图书馆的高雅肃然和自由平等，吸引读者进入图书馆，让读者感受到激励和鼓舞，并在和谐自由的环境中学习、交流。注重图书馆规章制度建设，突出图书馆行为文化和制度文化。图书馆应根据不同时期的特点，针对服务中出现的新问题不断完善和健全各岗位职责、图书借阅规则、业务工作细则、奖惩制度、读者行为规范等各项规章制度。科学系统的规章制度不仅是图书馆制度文化的实际内容，也为师生的行为提供了统一的道德规范，促使师生平等有序的利用图书馆，享受图书馆。

　　坚持专题信息资源的建设和整合。随着高等教育的快速发展，高校图书馆的资源建设也在急速发展，信息资源总量和类型大幅度增长，但是大多图书馆的文献信息都是按类型布局的，这种布局模式对服务校园文化建设显得分散不方便。高校图书馆应该重视文献资源建设对校园文化建设的重要性，在馆藏建设时要考虑信息资源的质量和多类型资源的整合及使用问题。笔者建议，高校图书馆设置若干专题借阅区域。首先，在符合学校的专业设置和学科发展的基础上，针对校园文化建设的需求充实馆藏，对已有馆藏资源进行统计、分析、论证，在避免重复购买的基础上及时更新知识信息，丰富文献资源。馆藏体系构建过程中一定要遵守科学、系统、优质的原则，严把文献资源质量关，坚决杜绝盗版、不健康、质量低劣的文献资料进入图书馆。第二，在馆藏建设中重视文献信息资源在校园文化建设中的作用，注重相关文献信息的收藏和特色文献信息建设。如，针对学生社团活动，图书馆可以整合馆藏，开辟专题借阅区域，为社团活动提供专门的，具有导向作用的文献信息，引导学生开展坚持文化传承、积极向上的文化活动。还可以设置有关本校校友的专架，把历届校友的成果、关于校友的介绍和宣传等陈列出来，利用他们自强不息、顽强奋斗的事迹和精神营造育人环境。图书馆对校友的资料信息进行搜集、整理、陈列可以成为统一全校师生行为、价值观念的典型教材，能使师生更加热爱母校，激励师生积极向上，奋发图强。第三，图书馆可以利用自身的文献和人力优势，针对校园文化建设服务，对各类文献信息进行整理和提炼，编制以校园文化建设为主题的文献指南或文献信息索引，及时将健康、优秀、先进的文化信息传递给师生，让他们从中汲取知识，受到启发和教育，使文献信息资源在校园精神文化活动中发挥最大效益。

　　加强导读服务。图书馆是知识的宝库，是智慧的源泉。作为校园文化建设的重要活动中心，高校图书馆不仅要向师生输送文献信息，更重要的要解决师生"学什么""怎么学"的问题。高校图书馆必须重视和加强导读服务。现代大学生思想活跃，精力充沛，求知欲和接受能力极强，面对浩如烟海的信息资源，图书馆不能任由他们或无从下手，或照单全收，或在重复借还中一无所获，必须通过形式多样的导读服务为师生推荐内容健康、思想先进、观点正确、知识含量大、艺术格调高的文献信息。如，定期举办师生现场选书活动，让师生直接参与图书选购，激发他们对阅读的渴望。向师生推荐经典名著，订制专题文献导读，举办读者座谈会等活动，让阅读经验和心得在师生间及时交流和传递。图书馆通过导读服务既能让师生在查找文献信息时少走弯路，快捷方便的获取所需信息，节约时间和精力，又能让师生直接接触到优质经典文献信息，并在健康向上的氛围中得到教育和启迪。使他们更具活力和创造力。

　　创造图书馆特色文化活动。图书馆文化活动是校园文化的一部分。丰富多彩，形式各异的校园文化，其最终任务是培养高素质的人才，图书馆必须创造更具特色的文化活动，体现出知识的高雅性和生动性，引领校园文化活动向高雅、深度发展。如，我校图书馆定期举办的"学术讲座""专家讲座""图书馆征文大赛"；每年开展的"4.23"读书节活动；为进一步加强民族团结，巩固和谐校园共建成果，自2013年以来，定期开展民族团结教育活动月图书馆少语图书书目推荐服务；为了帮助新入校的大学生尽快了解图书馆，更好地利用图书馆馆藏资源，掌握文献检索知识和技能，全面提高大学新生信息素养，图书馆与各学院合作举办并分别在两校区推送"亲近图书馆，走进图书馆"——新生入馆教育讲座；与大学生学习援助中心联合举办"我的读书梦——走进图书馆系列活动"等已逐渐成为我校图书馆特色文化活动。这一系列活动吸引了广大师生参与图书馆文化活动，营造出愉悦身心的学习氛围，丰富和促进了我校校园文化活动。

第八节　基于 MIL 教育的高校图书馆服务创新

随着互联网和智能移动设备普遍化，全球正进入全媒体的新世界秩序中。对大学生而言，具备对信息的选择能力、理解能力、评估能力、创造生产能力以及思辨的反应能力，即良好的信息甄别能力与媒介素养，是适应信息化社会所必需的能力。高校图书馆传统的素养教育已不再适应媒介环境的发展，其整体功能需要及时转型，通过创新服务成为知识信息的传播媒介和大学生媒介信息素养的教育基地。从发展的角度来看，个体成长需要具备的综合素养涵盖了意识、知识、技术、道德、能力等不同层面，技术和人文环境对个体的素养要求是动态发展的。从实践层面来看，高校图书馆能否利用自身知识信息汇集、传播和研究的优势来助力大学生媒介信息素养的提升，直接决定了其知识服务的拓展水平。笔者将从资源建设全媒体化、信息服务立体化、素养教育多元化等方面，阐述如何通过创新服务重构全媒体时代高校图书馆的素养教育。

一、媒介信息素养、信息素养与图书馆

全媒体环境下的信息呈现出智能、移动和全息的特征，信息的交流、传播、表达变得更加随意，能够理性选择媒介与信息、利用信息促进个人和社会发展变得尤为重要。2012 年，UNESCO 提出以信息素养和媒介素养为核心，涵盖数字素养、信息通信技术等更多素养因素的"媒介与信息素养"（Media and Information Literacy，简称 MIL）概念，2013 年将其正式定义为 MIL 是公民能够以批判、道德与有效的方式，运用多种工具去存取、检索、理解、评估、使用、创造和分享各种形式的信息与媒介内容，并融入个人、职业、社会行动的综合能力。简单来说，MIL 教育就是培养与提升人们媒介信息素养的教育模式，其核心目标包括掌握一定的媒介知识、正确分辨媒介信息的意义和价值、掌握一定的传播和应用媒介信息的知识与方法、能够使用不同媒介发展自己 4 个层面。传统的信息素养强调信息技能，MIL 更加关注信息主体在复杂信息环境下是否具备批判性思维和对媒介信息的解读能力，强调个人素养与终身学习能力相适应，并最终有益于知识社会的发展。

UNESCO 认为信息、媒介、互联网和图书馆共同构成了 MIL 的核心要素，肯定了图书馆是推进 MIL 项目的关键环节。图书馆界亦敏锐觉察到 MIL 与信息素养教育密切相关并积极做出响应：国际图书馆协会联合会（International Federation of Library Associations and Institutions，简称 IFLA）2011 年将 MIL 定义为媒介和信息素养由知识、态度以及各种技能组成，

通过这些技能可以知晓何时需要何种信息；从哪里并且如何获取所需信息；发现信息时如何进行客观评价和有序组织，并且以正当的方式加以利用。这一概念突破了利用通信与信息技术来实现学习、批判性思考以及不受职业和教育背景限制的阐述技能。媒介和信息素养包括所有形式的信息资源：口述、印刷以及数字的。这一定义不仅强调了对信息理性判断的重要性，同时也注意到了信息与终身学习紧密关联的专业属性，以及信息资源的多样化特征。2015 年 2 月 5 日，美国大学与研究图书馆协会（ACRL）理事会对《高等教育信息素养能力标准》进行了重新修订，正式通过的《高等教育信息素养框架》对信息素养概念进行了重新界定——信息素养是包含一系列能力的整体，包括：反思性发现信息，理解信息如何产生和进行评估，利用信息创建新知识并合乎伦理地参与学习社团。可见，面对多元融合的媒介信息环境，无论是从传播的角度还是从利用的角度，大学生都应具备较高的媒介信息解读能力和综合利用能力，图书馆传统的信息素养教育和信息服务功能应做出改变，关注图书馆服务胜任力提升，实现素养教育与服务实践的有效融合。

二、大学生 MIL 教育现状与存在的问题

图书馆教育功能没有充分发挥。作为 MIL 核心要素之一，图书管理应在大学生 MIL 教育中发挥重要作用，高校图书馆也试图通过新生入馆教育、信息检索课、阅读推广、信息咨询等服务的常态化强化其教育功能，但多数图书馆仍然在服务过程中过度强调资源推广和大学生信息获取技能培养。据调查，多数接受过专门的信息素养培养的大学生，首选的检索途径仍然是搜索引擎，不仅忽略了图书馆的资源和服务，甚至不了解专业领域的开放资源，不考虑寻求知识服务馆员的帮助。

缺乏对信息可靠性和权威性的理性判断能力。技术的发展使信息内容和形式更加多样化，信息获取变得更加便捷，媒介信息解读能力的缺乏，将直接影响到大学生的信息选择，主要表现在：（1）缺乏批判性思维意识，对于谬误及破坏性信息盲目接收，直接影响到大学生正确价值观的形成；（2）对信息源缺乏了解，不可靠信息的随意获取和应用直接影响到个人创建信息的质量；（3）欠缺寻求可靠或权威信息的方法，大学生很少会考虑通过期刊评价指标、出版物类型、作者学术声誉等因素判断信息的可信度和质量，最终影响到有效信息的获取；（4）盲目接受专业领域的权威观点，缺乏创新意识，难以形成有价值的研究成果。

缺乏信息交流与表达能力的培养。新媒体和自媒体的盛行，使图书馆传统的面对面沟通或交互式网页沟通不再是大学生首选的参考咨询方式，当遇到问题时只有少部分大学生会选择与教师或图书馆员在线交流，直接通过社交媒体寻求答案也很难获得专业解答，而且多数大学生利用信息的目的是完成作业或论文写作，本身就忽略了信息交流与表达的重要性。主要表现在大学生很少了解或参与网络论坛、开放学习空间、微信、微博等图书馆或专业机构提供的交互平台交流学习和研究经验，更多的是通过自媒体或通用搜索引擎寻求解答。人文与社会科学专业的学生往往缺乏必要的 ICT 素养、数字素养，很难通过必要的工具有效组织知识信息或展示信息应用成果。

新媒体素养教育有待加强。当代大学生在大众媒介普及的环境中长大，新媒体的盛行极大地丰富了他们的信息获取渠道和内容，也成为学生学习生活的主要工具。图书馆尽管提供了基于网络或移动服务的新媒体平台，但对于文献管理软件、虚拟学习空间、新媒体检索技术等知识的普及和教育却没有系统融入相关课程或服务。智能移动设备的普及使社交媒体成为大学生主要交流平台，信息安全意识、信息伦理等在素养教育中的重要性日渐突出，这部分内容在高校图书馆提供的素养教育中也是极其有限。

有效组织运用信息的能力有待强化。获取信息进行有效组织和运用的过程，就是完成专业学习和研究的过程。大学生往往只是被动接受检索工具提供的检索结果，缺乏必要的筛选技能，很难快速获取有效信息。对于文献、信息、媒介等知识的欠缺，也容易造成检索工具选择失误，进而直接影响检索结果。大学生很少意识到不同创建阶段产生的信息产品，不仅形态存在差异，其功能和价值的差异也需要与研究过程不同阶段的任务相匹配才能发挥应有的作用。在组织运用知识信息的过程中开放性思维的欠缺，也导致无法对信息进行合理的分析、评估、演绎和表达。

三、MIL 教育与图书馆服务有效融合的必要性

高校图书馆知识服务的发展包含 MIL 教育功能。MIL 教育旨在使信息主体具备信息研究能力，了解知识的结构，能高效地发现自己所需的有用信息，并知道如何获取信息。高校图书馆普遍开展的学科服务形式多样并日渐深入，参考咨询、用户培训、阅读推广、学科分析、文献传递、嵌入式信息素养教育等内容从不同角度提供了综合培养大学生媒介素养、信息素养、阅读素养、ICT 素养、视觉素养的可能性。起源于图书馆实践的信息素养教育应充分整合图书馆本身所具备的专业人员、文献资源、学习环境、终端设备和网络等优势，融合课堂教学与服务实践，改革技能型素养教育，强化信息安全、信息道德、自由表达和民主参与，综合提升个体媒介信息素养，注重个体进步与可持续发展紧密结合的教育落点。

全媒体环境提供图书馆 MIL 教育多维化的可能性。全媒体环境的形成不仅使信息主体获取信息更加便利，也为图书馆开展 MIL 教育提供了多元途径。除了传统的信息检索课，高校图书馆资源载体的多样化、服务方式的立体化也使 MIL 教育全方位开展成为可能。高校图书馆在提高传统服务项目质量的同时，可以广泛利用在线咨询、QQ 等实时通信工具，利用学科博客、图书馆公告板等互动平台，以及移动图书馆、微信、微博等移动服务方式，全方位开展信息服务，利用这些服务平台形成高校图书馆 MIL 教育多维空间，通过读者参与和互动，综合提升大学生媒介信息素养。

大学生信息行为改变需要强化素养教育的实践性。传统的信息素养教育常因过于强调技能、重理论轻实践等而饱受诟病，完全以课堂为教学平台也不能很好地调动学生的学习热情。UNESCO 在《媒介与信息素养课程计划（教师用）》中概括了教师在完成教学过程中应该具备的专业知识和技能，包括：理解媒介与信息在民主中的角色、理解媒体内容及其使用、有效并高效地获取信息、精确地评估信息与信息源、应用新旧媒体、定位媒体内容的社会文化

语境、在学生中推广 MIL 并处理必需的变化。这些要求既是 MIL 教师必须具备的能力，也是全媒体环境下所有信息主体应当具备的基本素养。在全媒体环境下，MIL 教育应该具有更强的实践性，如果还是以课堂教学为主要平台进行灌输式教学，显然不能达到 MIL 培养目标。MIL 教育要在图书馆工作和信息素养教育实践的基础上，改进课程体系和教学方法，创新图书馆信息服务，推动素养教育与服务实践的有效融合，引导学生主动参与信息过程，提高学生学习热情，综合提升其信息处理能力、个人终身学习和创新能力。

四、基于 MIL 教育的高校图书馆服务创新

全媒体环境下大学生必须具备对媒介与信息进行评估、选择、获取的知识、技能和态度，高校图书馆亟须顺应时代要求，改革素养教育的内容与方法，从信息资源全媒体化、信息服务立体化、素养教育多元化等方面创新信息服务，全面提高大学生媒介信息素养，使其获取终身学习和可持续发展的能力。

创建全媒体资源库。信息形态和传送途径的多元化要求高校图书馆不仅要提供纸质书刊借阅等服务，还应从更广阔的视野出发，建立全媒体资源库，使他们通过图书、电脑、手机等不同终端对资源随时随地触手可及，有问题可以在专门的学习空间随时随地寻求解答。

馆藏资源全媒体化。资源建设是高校图书馆创新服务的基础，馆藏资源质量直接决定了读者阅读的内容。媒介多元化使读者可以根据自身需求选择不同形式的信息，对同一信息内容，整合纸质资源和数字资源，甚至以音乐、广播、影视等形式达到全媒体传播的效果。作为教学和科研的文献信息中心，高校图书馆应既收藏印刷型文献，也收藏缩微型、音频视频型、数字型、数据库、手机图书馆等各种类型的资源，实现馆藏资源全媒体化，使同一信息内容能够通过纸质书刊、互联网、手机、移动阅读器、甚至户外大屏幕、广播、电视等渠道共同提供给广大读者。

加强数字化资源建设。全媒体时代来临，数字化和移动化阅读成为大学生最突出的学习特征，高校图书馆应及时调整馆藏结构里数字化文献所占的种类和比例。在数量上增加符合网络、手机及其他移动阅读终端格式的电子文献量，并根据读者需求，在内容上精心选择，及时更新，防止重要读者群的流失。在内容上特别要重视重点学科文献和特色资源的数字化工作，以利于资源共建共享的实现。图书馆可以通过与院系、信息技术部门、高级计算部门等联合，开展数字文献的采集、整理及利用工作，建立、开发、维护支持数字化学习与研究的知识库，保证图书馆在全媒体环境下仍然是学术信息中心。

知识空间共享化。高校图书馆不仅承担着文献流通功能，更肩负着素养教育、知识服务、信息沟通、文化遗产保存等功能，不仅要为师生提供各类文献资源保障，也要为他们的研究和学习创造条件。创建知识共享空间，构建信息交流与关联的环境，让信息始终处于畅通和活用的状态，将使读者能够自由获取、交流、表达与创新。在知识共享空间里，师生用户既能获得研究或学习所需的、基于知识单元构建了某种关联度的纸质文献、缩微文献、多媒体文献、数字化文献、虚拟文献、甚至云端资源，也能在不同的平台上及时交流经验或寻求答案，在这样的环境中，师生用户开展科研或学习时将产生事半功倍的功效。

创新立体化信息服务模式，实现教育与服务功能的融合。全媒体时代高校图书馆用文字、图片、影像、声音等载体，为读者提供了多样化的信息资源，手机、数字电视、电子阅读器、智能移动终端等新媒介成为重要的信息服务工具，信息服务创新要注重功能的教育型、便捷性、互动性和个性化。

（1）基于全媒体化馆藏资源，图书馆应以主题为基准点，以一站式检索为手段，为师生用户提供与主题知识单元相关的便捷服务，使读者能够围绕一个主题一次获得馆藏与之相关的纸质文献、电子全文、照片、缩微胶卷、声频视频、数据库、虚拟文献等媒介信息，也可得到共享、购买、交流等获取渠道，通过全方位一站服务有效实现资源获取、互动交流，在满足读者信息需求的同时，也帮助他们获得媒介、信息与服务的相关知识。

（2）可以通过举办素养竞赛活动、阅读沙龙、专家文化讲座等，突出对大学生综合素养的培养，增强他们的参与意识、合作意识和集体责任感。开通微信公众号、官方微博，安排素质较高、服务态度较好、思维活跃、热爱新技术新媒介的馆员负责管理账号，方便有问题的师生随时随地咨询，并能在第一时间获得回复。移动图书馆除了可以为读者提供电子资源服务，也可以提供在线课程和虚拟交流，使 MIL 教育无处不在。

（3）基于全媒体技术，给用户提供个性化信息服务。高校图书馆可根据用户的身份特征进行大数据分析，把受教育者进行有效分类，甄别不同层次信息需求的主要特点，有针对性地推送同一知识信息的不同媒介形式，如给教师主要推送文字媒介表现形式的学术性知识内容，为大一、大二学生主要传递图片、视频、动画等直观媒介表现形式的知识内容，多给他们提供纸质图书阅读，提供观看电视新闻、收听各种学术讲座的机会，为毕业班学生则应提供数据库检索技巧、信息综合运用知识、如何在知识共享空间与专家和同行交流、寻求创业求职方面的知识获取、公务员和考研等方面的信息更新等。个性化信息服务将使读者有了更多选择，特别是能根据个人喜好获得属于自己特有的媒介信息。

融合多元素养内容，提升图书馆教育功能。全媒体技术给高校图书馆实现三网融合和各种载体、媒介、形式、空间的聚合带来可能，也为其开展立体化 MIL 教育提供了技术支持。高校图书馆应厘清传统课堂和新兴在线教育的弊端与优势，融合多元素养因素改进教学内容，运用多种渠道和终端搭建立体化 MIL 教育平台，并在不同的平台综合采用多样化的教学方法。

调整传统课堂教学内容和模式。在现有条件下，传统的课堂教学仍是高校图书馆素养教育的主要平台，但在内容上过度强调技能，在方法上授课与实践分离、需求与教学脱节等导致了课堂吸引力不足，教学效果差，变"灌输式"教学为"参与式"教学将成为素养教育改革的主要方向。

（1）教学内容要增加信息解读和评估能力的培养，适当增加图书馆、档案馆和其他信息提供者特定功能的相关内容，强调信息质量评估和可靠信息选择技巧，增加新媒体使用、文献管理、协作交流等内容，培养大学生对媒体消息及多来源信息的理解判断能力，使其在多元融合的信息环境下能够自由选择、获取、利用、创造、表达和协作。

（2）在教学方法上可以更多地采用翻转课堂、专题研究、案例分析、文献研究、应用实践等。比如，对同一主题内容要求学生提供不同载体的信息，或通过不同媒介形式获取相关信息，会利用 RSS 工具对某一专题进行个性化信息定制，并能通过统计分析概括研究趋势。

（3）加大嵌入式教学的力度，促进 MIL 教育与专业学习的紧密结合。嵌入式教学能够扩大教学覆盖面，学生即使不选修相关课程、不参加培训讲座也能接受系统的 MIL 教育。深入专业课堂，可以更有针对性地在专业学习过程中对学生进行指导，根据专业学习需求灵活开展不同形式和内容的教学。对大学生来说，帮助他们完成作业或论文写作、学会使用新媒体综合利用信息资源、通过协作完成学习任务，将有效增强 MIL 教育的吸引力，达到良好的教学效果。

构建立体化 MIL 教育平台。当代大学生具有新媒体使用主动性和熟练性等特征，利用网络平台、智能移动设备开展在线教学能够有效实现 MIL 教育的普及和推广。同时，MIL 课程适用于印刷和视听环境，包括报纸、书籍，广播类媒体，如广播、电视，以及在线新闻媒体和其他信息提供者等，在高科技使用受限的环境下它一样适用。考虑到经费、生源等因素，MIL 教育平台的搭建必须是立体化的，要使不同层次的读者都能够选择到适当的学习途径。要注意的是，课堂教学或在线教学都不能成为图书馆资源与服务推广、数据库使用方法等传统文献检索课教学内容的延续，应更多地为他们提供自由、开放的交流环境：重视互动功能设计，充分利用课堂、网络和移动终端增强师生互动，有效提高学习效率；合理利用并提供大型网络开放课程、文化视听资源、专题网站等馆外开放资源，增强教学资源的丰富性；提供课程组合选择，突出 MIL 教育的个性化；充分发挥新媒体、自媒体的作用，开通移动图书馆、微博、微信、QQ、标签、论坛等，强化全媒体时代信息素养教育的全息化特征；要求学生发现并利用本专业领域的学术论坛、E-learning、OA 资源等，学会利用网络学习空间的信息、数据、程序、教学软件，积极参与讨论小组、新闻组，能够参与专业或文化对话，在交流中拓展思维。

在全媒体环境下，能够获取并利用信息已不再是大学生终身学习能力的全部内容，具备理解、评估、获取、使用、创造和分享信息的综合能力成为个体发展必备的素养要求。高校图书馆要及时探讨大学生素养教育的内容和方法，拓展图书馆知识服务，践行信息自由理念，提升高校图书馆教育服务能力，使高校图书馆在数字化时代立于不败之地。

第九节　基于创客空间的地方高校图书馆服务创新

"创客"一词来源于英文单词"Maker"，以用户创新为核心理念，是指出于兴趣与爱好，努力把各种创意转变为现实的人。2015 年 9 月，"创客"首次写进全国《两会政府工作报告》，并且指出立足于"双目标"，坚持"双结合"，打造"双引擎"，在全国范围内迅速掀起大众创业、万众创新的新热潮。创客空间作为新生事物，具有强大的生命力，得到快速发展。这为公共图书馆和高校图书馆信息服务的发展带来全新契机。国内图书馆界对如何通过创客空间进行服务升级与创新展开了深入探讨和积极实践。地方高校图书馆也应该凭借丰富的馆藏文献资源、物理空间场所、便捷的信息服务，打造具有自身特色的创客空间，为校园创客提供与创新创业有关的资源和服务，促进创意的碰撞、升华与实现。

一、地方高校图书馆建设创客空间的必要性

首先，对在校学生而言，创客空间顺应时代的发展，能够满足大学生的创业需求，提高学生未来的职场竞争力，显著提升学生的动手实践能力和创新意识，以及提高解决实际问题的能力。学生读者在创客空间里开展创业实践活动时，能够最大限度地提高他们利用图书馆知识资源的能力。大学生在课堂里学到的理论知识，需要通过动手实践得到强化和检验学习的效果，创客空间为学生锻炼动手能力、提高创新意识提供了便利的场所及设备。读者不断深入地学习、查找知识、动手操作，将创业想法付诸现实，进而点燃探索和学习的热情。

其次，对地方高校图书馆而言，建设符合自身馆情的创客空间，能将不同的创意想法、技术理念及团队协作汇聚在一起，能够满足在校师生多元化的创新创业需求，同时也是提升图书馆信息服务能力的内在加速器。传统的高校图书馆服务是被动的、单一型的，而创客空间则是基于大学生用户需求之上的一种开放式、主动式、有针对性的图书馆新型服务模式。地方高校图书馆利用颇为丰富的纸质资源、数字化资源等，主动为有创业需求的师生读者建设创客空间，能够显著提高馆藏资源的使用率，推动图书馆隐性知识向显性知识的转化，能够提高图书馆知识服务与管理的能力，帮助地方高校图书馆从文献资源的存储仓库成功转变为知识发现与创新创业中心。

二、地方高校图书馆建设创客空间面临的困境

创客空间建设经费投入不足。创客空间的设计、装修及正常运转都是需要花费大量的资金。创客空间不只是简单的一座物理场所，地方高校馆需要在创客空间内添置必要的基础设施供创客们使用，如桌椅沙发、电脑、激光切割机、电子器件、3D 打印机、投影仪、数控铣床等，这些都离不开充足的经费支持。高校图书馆开展工作需要的经费，绝大部分是由校内财政拨款，但是目前情况下，地方高校尤其是经济欠发达地区的高校图书馆都面临着窘境：缺少资金；缺乏高水平的软硬件设施；设备陈旧老化严重，升级困难。每年拨给图书馆的经费除了购置必要的纸质图书和必需的电子资源以外，想要增加一些设备，多购买一些电子资源都是捉襟见肘。因此，经费的严重不足，导致地方高校馆在为创客空间购置必需的专业设备等服务资源时，面临着重重的困难，这必定对创客空间的后续正常运作带来负面影响。

创业类活动的推广力度不够。地方高校图书馆借助创客空间提供的创业服务往往局限于提供类似专题研讨室的讨论场所，有创新需要的校园创客们聚集在一起，进行探索与沟通，举办以创新创业为主题的简短的交流会，或是具有创意的手工小作品的展览活动。创客空间的功能未能得到完整的体现。与创业有关的推广活动形式单一，内容过于简单。如地方高校馆很少邀请校内外学者专家举办与创新创业有关的专题知识讲座；没有定期开展创业实践类的辅导活动；在创客空间里开展的教育培训类活动，经常重理论、轻实践，没有充分指导学生了解和正确使用创客空间内的机械设备以及相关的安全注意事项等。

宣传创客空间的能力不足。地方高校图书馆没有意识到宣传创客空间的重要性，对创客空间的宣传力度不够，直接阻碍了师生创客对创客空间的深入了解及正常使用，也对创客空间工作的全面开展带来困难。地方高校馆应帮助在校学生培养动手实践能力，支持他们实现创业创新的想法。地方高校馆在宣传创客空间时，仅限于在开学初的新生入馆教育对创客空间做简要的介绍，或在图书馆网页上不醒目的位置一笔带过，更加没有开辟网页专栏，全面介绍创客空间，未能将在创客空间举办的各种推广活动及取得的创业类成果在全校范围内进行详细具体的宣传和展示，对于所能提供的有关创新创业的服务也只是粗略介绍。在当下信息化程度很高的社会环境中，各种社交软件及网络已经融入生活与学习的各个层面，地方高校图书馆没有很好地使用社交软件及网络对创客空间开展深入宣传，导致宣传的方式过于简化，宣传的途径太少，宣传的内容不丰富不具体，这势必影响到创客空间服务工作的深入推进。

具有创业知识背景的馆员队伍极度匮乏。地方高校图书馆开展基于创客空间的就业创业类服务，离不开具有创业知识背景的馆员的主动参与。创客空间内各种设施仪器的日常管理与维护，需要专业的馆员专门负责。举办各类创新创业的推广活动，需要馆员积极地策划、组织、监督与指导，更要求馆员具有高度的责任心和工作热情。但是在地方高校图书馆里，馆员们能够掌握图书情报相关的专业知识，比较擅长借还图书、整架排架、咨询服务等，但是缺乏与创新创业相关的知识和技能，导致馆员们不能较好地满足校园创客更高层次的服务需求，如对前沿科技创新和市场化创业等活动缺少理论学习和实践经验，难以解决创新创业者新技术创新或商业模式创新的市场前景诊断服务难题等。

三、基于创客空间的地方高校图书馆服务创新的对策

节本开源，增强创客空间建设的经费保障。创客空间的建设与正常运作需要充足的经费提供必要的保障，但是地方高校图书馆面临着经费严重短缺的困境，这已经阻碍创客空间的全面发展。显然通过校内财政拨款这一单一途径获取创客空间的建设经费，早就不能满足空间的发展需要。积极寻找外部合作伙伴，建立良好的协作关系，节本开源，形成多渠道筹集资金的良性局面，争取到更多的社会力量，如个人、企业及事业单位等，对创客空间的建设与发展至关重要。

首先与校内各部门深入合作，共同开展创客空间的建设工作，优化配置校内资源，避免资源浪费与重复性建设，例如与校内就业创业中心积极合作，根据双方事前协定，按比例共同承担经费的支出，或由中心提供部分仪器设备，共建图书馆的创客空间；其次，校企合作构建创客空间将高校图书馆的智力资源、企业的技术资源完美地结合在一起，为建立产学研生态系统提供平台。加强与校外企业的协作关系，以市场需求为导向，分析校园创客的项目特点，有效利用企业的资金、管理经验和人力资源等优势，为图书馆创客空间的发展注入新的活力。同时，校企合作还可以吸引优秀的创业人才或团队，指导校园创客们解决实际的创业问题，促进创业项目的科学规划与顺利实施。

开展丰富多彩的推广活动，提升创客空间的服务功能。在创客空间内开展以创新创业为主题的推广活动，能显著提高师生读者对创客空间的使用率，提升创客空间的校园服务功能，

快速推进创客空间的健康发展。地方高校馆可结合本校学生创业的实际需求、本馆自身情况以及本校设置的有关创新创业的课程，举办具有针对性的创客服务活动，有利于提高学生参与活动的积极性。

可将图书馆内关于就业创业的图书、期刊、报纸等文献资源集中展示，开展创新创业的阅读推广活动。邀请校内外专家学者或创业成功人士，定期举办与创业相关的知识讲座或培训，理论联系实践，解决创业过程中面临的实际问题，激发创客们的创业热情，发散他们的创业思维以及提高动手能力。地方高校馆可联合高校社团或学生会成立创客空间社团，运用大学生社团这一优秀平台，在全校范围内举办丰富多彩的推广活动，吸引更多的学生加入，扩大推广活动的影响范围。通过借助学生社团或协会的力量，搜集整理并展示创客们的优秀创业成果，或者举办创业设计比赛等活动，引导更多的学生积极参与到就业创业的项目中。

深入宣传创客空间，努力营造创新创业的文化氛围。创客空间作为新生事物，地方高校图书馆应该加大宣传的投入力度，提高在校师生对创客空间的认知程度，激发他们利用创客空间的热情，让更多的创客接触、熟悉并正确使用图书馆的创客空间。在校园里宣传创客空间的服务理念，注重营造创新创业的文化氛围，强化师生读者的创新意识，提高创客空间在校内的知名度和影响力。

地方高校馆可利用校园广播或校内宣传栏等，在全校范围内普及创新创业的最新知识和介绍创客空间的具体位置、资源设备及相关建设情况等，吸引更多的师生读者关注并了解创客空间。在图书馆官方网站的醒目位置开设专栏，详细说明创客空间的建设规模、开放时间、预约方法、安全使用的注意事项等，并发布有关创客空间的动态图片，以此提高网页的关注度。微信、微博、QQ 已经深入充斥到在校大学生的生活与学习中，地方高校馆应当主动使用各种社交媒体与软件等，定期发布推文，介绍创客空间使用的基本情况，大力宣传在创客空间开展的与创业相关的活动及创新创业文化等，提高创客空间宣传推广的力度。

提高馆员参与积极性，培养具有专业素质的服务团队。地方高校图书馆应该重视馆员在创客空间的建设过程中所发挥的重要作用，馆员以较高的积极性参与到创客空间的构建和日常管理中，能够显著提高创客空间的服务质量。图书馆员拥有丰富的创业知识储备及较强的动手操作能力，具备良好的沟通协调能力和热情的服务态度，可有效指导学生创客正确处理在使用创客空间时存在的各种技术问题，快速克服在创业项目实施过程中所面对的困难。

地方高校馆首先通过制定激励创新的绩效考核制度，提高馆员的工作参与热情，鼓励馆员积极投入到创客空间的建设与服务中；开展以创新创业为主要内容的馆员继续教育课程，增加馆员在创新创业等方面的知识储备，提高馆员对空间内全部设备仪器的管理与维护能力，提升馆员辅导学生解决创业中实际问题的能力；有效引导馆员学习创业新技能、新知识及新理念，带领馆员深入学习国家或政府制定的与就业创业有关的政策和文件，提高馆员对创业市场变化趋势的判断能力，全面提升馆员的创业理论水平和创新意识。同时，地方高校馆还可以通过建立创客馆员服务制度，吸纳对某一领域有兴趣的技能专家、老师或志愿者加入团队，逐步形成创客空间服务管理机制，进行创客项目的有序实施和专业化管理，进而培养具有专业素质的服务团队。

创客空间为师生读者提供能够满足个人学习、知识创新、合作交流、实践操作等需求的多功能平台，有效提升地方高校的科技创新能力。地方高校图书馆应该转变发展的思路，引入全新的服务理念，借鉴成功的经验，结合自身馆情，建设符合本馆发展需要的创客空间，能够显著提高校园创客的动手实践能力和创新意识，激发他们的创业热情，加速创业项目的孵化与实施。地方高校馆需要克服各种现实困难，通过多种有效途径，积极创新图书馆创客空间的服务模式，提升创客空间的服务能力，主要的措施包括：利用外部优势资源，寻找合作伙伴，共同推动创客空间的良性发展；举办精彩纷呈的推广活动，吸引更多的学生积极参与到创业项目中；拓宽宣传的途径，大力宣传创客空间，在校园内营造良好的创新创业环境；丰富馆员的创新创业知识，提高馆员的整体综合素质，打造具有高度专业素养的服务团队等。

第六章　高校行政管理创新研究

第一节　我国高校行政管理的现状

一、我国高校行政管理现状

做好高校行政管理工作不仅是做好教育教学工作的重要保证，同时也是贯彻落实素质教育的必然选择。在当前的社会背景下，行政管理的影响力已经辐射到了学生学习的各个环节，不仅会对他们的学习产生很大的影响，同时还会影响到他们未来的发展。虽然高校行政管理工作对于高校和广大师生群体而言具有重要意义，但是仍然有非常多的高校不太重视行政管理工作，管理模式比较落后、管理思想比较传统，给高校行政管理工作带来很多的负面影响。从目前的情况来看，我国高校行政管理工作存在的主要问题有以下几方面。

（一）行政管理工作不受重视

由于受到应试教育的影响，教师一般所关注的内容主要是教育教学，但是从表面上来看，行政管理工作的效率和质量对于整个教育教学活动并没有非常大的影响。而事实上，教学质量不仅与教师教学能力有非常大的关系，同时还会涉及其他的很多方面。行政管理、公共管理涉及每个师生的根本利益，是做好防护工作的第一步。但是由于学校不重视行政管理工作，使得很多学生过于放纵自己，沉迷于享受。而很多教师也放松了对自己的要求，不具备高尚的职业道德修养，在选择教学内容、教学方式方面非常随意，忽视了学生课堂主体地位。行政管理工作不受重视还使得学校在该工作中投入的各种资源非常少，甚至只能维持其正常运转。

（二）行政管理队伍素质有待提升

我们知道，行政管理所涉及的管理范围非常的广泛，而在不同的环节会涉及不同的内容，要想保证管理工作的有效性，往往需要有专业人士负责相关事务，这样才能更好地保障行政管理。但事实上，由于很多高校并不太重视行政管理工作，所以并没有为相关工作岗位安排专业的人才，甚至是让一些比较"清闲"的教师负责相关工作，行政管理工作运行缓慢，给其他师生带来很大的负面影响。行政管理队伍素质不高就使得很多后续工作难以高效进行。正是由于这些人的行政管理能力不高，使得他们在开展实际工作时只能按照那些老套的、固执的行政管理制度进行工作，不满足行政管理灵活性、人性化的要求。除此以外，行政管理队伍素质不高还导致这些教师不能根据学生实际的需要添加现代化的行政管理元素，甚至由于"霸道"的管理方式而让很多学生产生了怨言。

（三）行政权力泛化

行政总是给学生一种比较严肃、规范的感觉，但是在过去，行政所管理的内容主要是公共管理，与教育教学管理工作并没有非常密切的关系。但从目前的情况来看，为了更好地发挥出行政管理的作用，体现出行政管理的意义，行政管理逐渐涉及了教育教学领域。行政管理的主要方向是公共管理，在这个过程中会涉及一些利益问题，有些行政管理领导很可能会以权谋私，利用公共资源为自己谋取福利，而这就是因为行政管理的泛化造成的。赋予高校行政管理工作一定的行政权是必然的，但是如果赋予的权利过多，或者部分行政管理人员缺乏自我约束意识，都会使行政管理工作的作用和有效性被大大削弱。行政管理与师生日常生活和教学或者学习活动有很大的关联性，在当前的教育教学背景下，更需要提高行政管理有效性来保障教学工作的正常开展。

二、我国高校行政管理改革路径

高校行政管理对于其健康发展的影响显而易见，但目前行政管理工作中存在的这些问题不仅严重影响了其公信力、威信力，同时也很难保证公平公正性，让学生产生了很多负面情绪。这就要求国内各大高校都应该充分意识到做好行政管理对其未来发展的必要性，并且在提高行政管理工作质量和效率做出努力，从提高行政管理工作人员素质、完善管理制度、规范行政管理行为等方面入手，全力保障高校行政管理作用和价值能够发挥出来。

（一）重视行政管理工作

为了让学校领导重视行政管理工作，首先应该加强他们对行政管理工作的认识，从细节入手，并在此基础上增加在行政管理工作上的投资力度。在这个过程中也要发挥出学生和教师的作用，不能把所有的希望或者负担都加到学校行政管理工作人员身上。相应的，学校在改革行政管理工作时也要从多角度、多层面入手，以服务广大师生群体为基本原则，充分体现出以人为本的行政管理思想，提高师生对行政管理工作的满意度。由于各大高校存在明显的差异性，所以在借鉴其他学校行政管理模式时要把握好方向，既要看到其他高校行政管理工作的优势和特点，同时还要看到其局限性，因地制宜地采用，而不能选择照搬或者"换汤不换药"地模仿，否则不仅不能保证行政管理工作的有效性，甚至还会约束其发展的空间。

（二）提高行政管理人员的综合素质

高校行政管理人员的综合素质直接影响到了行政管理工作的质量和效率，所以要想真正地贯彻落实行政管理改革工作，就必须要以提高行政管理人员的综合素质为立足点，一方面要为高校现有的行政管理队伍安排专业的、现代化的培养培训活动，让他们产生现代化的管理理念，打破传统的行政管理模式，为高校行政管理工作注入新的活力；另一方面，各大高校在引进行政管理工作人员时要提高应聘门槛，不仅要对他们的专业、学历等方面做出硬性要求，同时还要对他们的工作经验做出要求，保证行政管理队伍符合高质量的标准。为此，高校必须增大在行政管理工作上的资金投入力度，提高行政管理人员的薪金待遇，同时提高他们的职责道德素养，明确他们所拥有的行政权力和应该履行的职责。为了对行政管理工作进行监督管理，学校要开通多渠道的反映线路，让学生可以及时地将他们的意见和建议上传给学校负责人。

（三）制定有效的行政管理制度

为了规范行政管理人员的工作思想和行为，防止他们滥用职权、以权谋私，高校必须制定出有效的行政管理制度，一方面可以为他们的日常工作指明方向，另一方面还能够对他们起到监督管理作用。在这个过程中，学校必须要做好前期准备工作，在原有的行政管理制度基础上进行优化，不断提高其适用性、有效性，使其能够更好地服务于高校的行政管理工作。师生是享受行政管理工作服务的主体，他们既有接受管理的义务，同时也有阐述自己观点的权利，而不像过去那样只能默默地承受。所以，高校应该在师生群体间开展调研，同时要充分利用网络资源，将自己的问题解决掉，还可以在借鉴其他高校行政管理工作问题的基础上做到防患于未然，降低行政管理成本，让广大的师生群体可以享受到更高质量的行政管理服务，为教育教学工作保驾护航。

从当前我国高校行政管理现状来看，我国高校行政管理工作存在着一些问题，这些问题的存在影响着高校行政管理的实效性，为促进高校行政管理的发展，就必须针对其存在的问题制定相应的解决措施，对我国高校行政管理进行改革与创新。由此可知，《我国高校行政管理的现状与改革探索》这一课题具有重要的研究意义。

第二节　高校行政管理与服务工作的目标

高校行政管理与服务工作内涵丰富，要求很高，地位重要。该项值得我们一起去研讨，提高工作水平，为教育现代化，为国家提出的高校"双一流"建设提供制度和软实力保障。

一、高校行政管理工作的内涵

高校行政管理工作内涵丰富，涉及面广泛，这要表现在以下几个方面：

科学管理：高校的科学管理涉及发展规划建设工作，涉及健全自身的学术及行政管理体系和运行机制，涉及学科建设工作的组织、协调和日常管理，负责组织策划申请地方、国家级科研项目（基金）等等。高校要努力提高管理效能，科学、合理地使用和管理高校的办学资源。还要做好高校的国有资产管理。要努力创建学习型的管理团队组织，要不断地创造更多更新的管理创新科研成果。

民主管理：要完善教代会等民主决策制度，保障高校各项工作建设的民主化、公开化；坚持民主集中制原则。凡属"三重一大"等事项，在提交党政联席会议前，要经过充分的酝酿、沟通以及通过必要的民主程序进行论证。需经教代会通过的决议，先由党政联席会议按照议事规则形成初步方案提交教代会审议。要始终坚持党务、政务公开。完善各项民主管理制度，通过各种形式和途径倾听师生的意见和建议，凡是需要教职工参与的事项、涉及高校发展的重大事项，一律公开。要通过网络和编写简报等多种方式，让教职工了解高校行政管理等各方面的情况。

依法管理：要建立健全高校各类管理制度，做到依法管理、照章办事，在管理工作中杜绝违反国家法律规定情况。要营造风清气正的良好校园氛围和政治生态。

安全稳定：要以入学教育为重点，加强学生思想政治教育和心理健康教育，要建立健全高校心理健康教育多层次网络系统，关注和帮助心理困难学生，关心青年教职工思想状况，及时帮助解决工作、生活中的困难。要确保高校教育管理中不能发生重大责任事故。

信息化建设：要加强校园信息化建设，要由高校主要领导负责，并指派专人分管校园的信息化工作，要进一步完善了高校的网站建设，丰富内容，扩大影响，要配备专职信息员，院系要配有辅导员和学生代表的兼职信息员，负责信息化的具体事务。

二、高校行政管理工作的创新做法

高校要做好日常规范化的管理，要加强规范化管理方面的工作，要对高校工作方方面面进行制度化的规范，使大部分管理工作有据可循。如学高校党政联席会议制度、教职工考勤制度等，可以提高办公效率，增强教职工的满意度。

不断优化创新做法，促进高校管理工作。规范利用办公邮箱提升办公效率，通过单位内部邮件办公的方式处理各种事务，形成了一套规范化的办公流程方式，可以收到良好的效果，可以得到广大教职工的认可和欢迎。比如召开一次党政联席会之后，办公室整理会议纪要，通过邮件发至相关领导，领导认可后指示相关院系需要执行相关决议或汇报的工作；办公室收到领导的指示邮件后转发至相关二级机构负责同志，负责同志通过邮件向具体教职工布置相关工作。反之也一样。这种邮件办公的优点首先在于方便快捷，不管你身在何处都能及时高效地完成工作；其次，能有效地监督和追踪相关部门和个人的办公流程、进度和执行反馈情况。再比如在高校校友工作方面，可以建设校友网站，把专业成立以来所有的校友按照年级和班级排序，校友注册后可进入网站查询校友信息及校友活动新闻等内容。这项工作可以极大地规范以往的校友工作，服务了广大校友渴望了解学校发展的美好愿望，为他们提供了良好的交流平台。高校可以在重要楼宇或重要位置安装电子屏装置，凡涉及高校学术报告会、重要通知及重要新闻，都会安排在电子屏上予以公示，既服务了广大教职工，又能收获良好宣传效果。

三、高校行政管理工作的目标就是服务师生教职员工

高校的管理者，特别是党员管理者要结合"不忘初心、牢记使命"主题教育的要求，守初心、担使命，发挥党员先锋模范作用，服务高校各方面的事业发展，服务广大师生教职工。

我们党员管理者的初心就是为人民服务，高校管理团队要加强服务型党支部建设，加强支部生态建设。批评与自我批评要当面批评，不要背后捅刀子，要加强支部廉政建设，要做到清正廉洁作表率这个主题教育的目标。具体到行政管理者主要的工作，目标就是要做好服务，重点就是服务高校领导班子、服务全校教师、服务全校同学。

服务领导班子不但要按照领导的指示要求不打折扣地完成工作，而且要主动为领导提前谋划多调研、建言献策提方案，对于领导的批评要虚心接受，改进后更好推进工作，管理者之间也要全校一盘棋，相互补台，更好的服务高校各方面工作齐头并进发展，高校不同层次的管理者要保持极端认真负责的工作作风，助力高校更好更快发展。在服务师生的过程中，要坚持党的群众路线，不能与师生脱离，不能轻视学生，杜绝形式主义、官僚主义，要在思想上认清我们来自谁、为了谁、依靠谁，对于学生该指导的指导，该教育的教育，但是不要出现与师生争吵的情况，日常工作中要做到耐心、细心、热心。

作为高校的管理者，责任重大使命光荣。要努力学习、磨炼自己、找准定位、兢兢业业的开展工作，要在党的教育方针指引下凝心聚力，筑牢并发挥管理团队的战斗堡垒作用，发挥党员管理者先锋模范作用，支撑高校学院各项事业的蓬勃发展，为高等教育的人才培养、科学研究、服务社会和文化传承的职能和高等教育治理能力和治理体系的现代化做出应有的贡献。

第三节　高校服务型行政管理过渡

党的十八大报告相关内容，针对建设服务型政府做出了详细的解释与说明。而高校行政管理属于政府行政管理的延伸，为了更好地体现高校行政管理的实际作用价值，推动高校行政管理向着服务型发生转型，具有重要的现实意义，应该引起重视。

一、高校服务型行政管理过渡的现实意义

长期受到传统管理体系的制约影响，在很大程度上使得高校行政管理工作被迫处于集权式管理模式中，而这一管理模式并不适用于现今的高效行政管理工作要求。在高校教育教学改革持续推动的同时，促使高校行政管理转型成为关键。

从某种程度上来讲，高校行政管理改革是大时代的基本要求，同时也是社会发展的必然趋势，更是自身优化改革的核心。如果无法依照社会的实际需求，对高校行政管理做出相应的调整与改变，必然会导致高校管理与社会管理发生脱节，不利于高等教育事业的发展。当前的社会属于服务型社会，因此要求高校行政管理也应该向着服务型管理模式完成过渡。与以往的管理模式相比，服务型行政管理模式更加注重学生的实际需求与社会发展需求。在服

务型行政管理模式干预下，不管是在执行、监督抑或是评价等方面，均可以充分体现出人的主观能动性，有利于摆脱传统体制所带来的软弱和不规范。

二、高校服务型行政管理现存问题

缺少行之有效的管理制度。当前，高校服务型行政管理体系尚处于建设阶段，由于缺乏行之有效的法律制度保障以及部分措施管理不到位，在很大程度上对高校服务型行政管理实现过渡目标，形成一定的阻碍。究其原因，与高校行政管理体制不完善有着直接的关系。结合我国高等教育事业发展情况，整体上高校行政管理以及相关法律法规，大多表现的过于空洞，无法真正地发挥出实际作用。在具体的服务型行政管理过渡实践过程中，缺乏完善的制度保障，不仅会增加相关工作的开展难度，同时在形成一个公开透明的制度环境中，也将会遭遇诸多现实问题。

高校行政管理机制不健全。以人才引进这一环节的行政管理为例，高校行政管理机制的不健全，导致高校师资水平难以得到显著的提升。对于高等教育院校发展而言，想要实现持续稳定的发展，拥有一支高水平、高素质、高能力的师资队伍，是十分关键。但是从实际来看，不难看出部分高校的行政管理人员并非都是出于管理专业，且并未接受过系统的专业化教育以及现代高校管理知识的学习，不具备相关的知识也直接影响了日常的工作效果。除此之外，部分高校在建设服务型行政管理体制过程中，由于对民主制度的构建工作产生忽视，比如相关监督与信息反馈工作落实不到位等等，均会在一定程度上导致师生与高校重要决策过程发生脱离。长此以往，对于高校服务型管理模式的构建会造成不利影响。

三、高校服务型行政管理过渡的实现策略

树立服务型行政管理理念。在高校行政管理过程中，为了向着服务型行政管理模式发生转变，树立正确的服务型行政管理理念是前提条件。在具体的管理工作中，要求结合高等教育事业发展实际要求，从思想层面上打破传统行政管理模式的束缚，纠正传统行政管理模式下形成的不良习惯。比如：坚持以教师文本的管理理念与思想。教师作为教育教学工作开展的基础，同时也是保证相关行政管理活动正常进行的核心，在高校的建设与发展中承担不可忽视的重要职责。对此，行政管理者应该树立以教师文本的思想，为教师提供更加优质的服务。此外，对于学生而言，在行政管理过程中应该给予学生充分的尊重，纠正行政管理就是对学生行为的限制这一措施思想。更多的是通过管理，保证学生的在校安全，为学生的学习生活创造良好的环境，这些都体现了行政管理者是应该以学生为本的核心。

加大对专业行政管理人才的培养。从现阶段高校行政管理实际情况分析，普遍存在着行政管理人员专业能力与核心素养不足的问题，同时在高新人才引进方面，尚存在诸多缺陷问题。以高校服务型行政管理发展人才匮乏这一问题为了，为了保证推动高校行政管理向着服务型模式发生转变，应该结合实际加大对专业行政管理人才培养的力度。高校服务型行政管理可以理解为一种文化，同时也可以将其看作是教学、管理之间的良好媒介。加大对专业服务型行政管理人才的培养力度，确保服务型行政管理顺利实现过渡发挥着重要的现实意义。在实

践工作中，高校行政管理模式向着服务型模式过渡，还有许多地方都值得商榷。比如：人才培养过于形式化等等。只有切实认识到这些问题对于服务型行政管理过渡产生的影响，提高对人才培养和新机制新模式的结合的重视，才能在充分体现出人自身主观能动性的基础上，促使高校服务型行政管理人才培养机制与模式，获得更好的良性循环。

加快建设监督机制。为了更好地推动高校行政管理模式转型，需要综合考虑高校行政管理实际情况，对现行行政管理监督机制做出适当的调整与优化。在改变以往管理规章制度的基础上，逐渐将服务型行政管理理念渗透到各项工作中。具体可以从以下几个方面来实现：第一，建立民主公开制度，提高对民主制度的重视，对于与师生利益相关以及关乎学校发展的决策，要求采取民主制投票，积极听取广大师生的建议。增设相应的宣传版块，及时公开相关决策内容，在构建良好沟通、协调渠道的同时，还应该注重学校交流平台的信息化；第二，建立服务问责制度。在具体的行政管理过程中，建立健全服务问责制度，不仅为师生投诉建议创造了新的渠道，与此同时，从被投诉管理者这一角度出发，要求坚决落实对应的责任追究与奖惩措施。这一模式背景下，对于促进管理者自身服务意识的提升以及营造良好的高效服务型管理工作作风，起到巨大的积极影响。

优化高校服务型行政管理评价。高效服务型行政管理过渡期间，要求对行政管理评价体系实施必要的优化。具体实践过程中，要求切实提高对评价体系本身层次化这一指标的重视程度。比如：结合实际通过分层细化考核评价内容这一方式，使每一层次的考核评价可以实现紧密的联系，在此基础上，促使几者之间产生一种相互影响的模式，以此在最大程度上确保服务型行政管理评价的公开化、清晰化以及精准化，对于实现标准化管理发挥着积极的作用。从某种程度上来讲，为了可以最大限度上体现出高效服务型行政管理的评价的作用价值，应该切实保证在构建评价体系过程中，从整体层面对其发展作为合理的把控。只有这样，才能更好地促进高校服务型行政管理实际作用的发挥。以考核评价数量为例，为了确保评价结果的科学性与准确性，应该过专家筛选后的每个层次的指标要控制在 10～15 个作用。

综上所述，高校服务型行政管理过渡对于提升高校行政管理水平以及适应时代发展，均起到关键性的作用。在具体的工作中，要求树立正确的服务型行政管理理念、加大对专业行政管理人才的培养、加快建设服务型行政管理监督机制以及优化高校服务型行政管理评价。只有这样，才能更好地推动高等事业的持续发展。

参考文献

[1][美]拉里·C·斯皮尔斯，[美]米歇尔·劳伦斯.服务型领导：卓有成效的管理模式[M].高愉，孙道银，译.北京：人民邮电出版社，2006：9.

[2]谭衍慧."互联网+"视域下高校图书馆数字化信息服务共享平台建设研究[J].黑河学院学报，2018，9（1）：207-208.

[3]姜艳.互联网时代下共享经济：现状、问题及对策[J].现代国企研究，2018（6）.

[4]林思伶.析论仆人式/服务领导的概念发展与研究[J].台湾高雄师范大学学报，2004，16：39-57.

[5]老子.道德经[M].北京：金盾出版社，2013.

[6]康自立.中国式领导模式之建构及在技职教育之应用研究二[M].国科会专题计划，1999.

[7][日]前田勇.服务学[M].北京：工人出版社，1986：1.

[8]赵晓桐，王文荣.智享校园：高校大学生闲置资源优化配置路径[J].企业科技与发展，2018（3）：125-126.

[9]王旭东.地方高校通过社会服务提高办学水平[J].中国高等教育，2015（3）.

[10]谈毅.大学技术转移促进区域经济增长的实证研究[J].教育评论，2015（2）.

[11]王恒，韩叶盛.地方高校社会服务能力研究[J].中国成人教育，2014（13）.

[12]转引自王博艺，顾琴轩.服务型领导构想与影响因素及结果研究述评与启示[J].现代管理科学，2012（11）：12-14.

[13]陈勇.论互动服务型领导关系[J].商业研究，2003（06）：167-169.

[14]刘雪影.服务型领导的理论与实践[D].中共中央党校，2008：146-147.

[15]徐冬洁.中国文化背景下服务型领导及其相关研究[D].河南大学，2010.

[16]李圣植.服务型领导、组织承诺与工作绩效关系[D].浙江大学，2011：6.

[17]邢进.服务型领导、领导—成员交换与组织承诺之间的实证研究[D].辽宁大学，2013：4.

[18]杨斌.在全面从严治党背景下对加强高校党的领导的理性思考[J].教育现代化，2017，4(22)：190-191+226.

[19]杨正科.普通高校校地合作平台建设及运行[J].教育评论，2014（1）.

[20]高翔.市场化背景下高校社会服务职能的历史演变及其类型[J].长春工业大学学报（高教研究版），2013（2）.